W0187402

SIEGFRIED STEIN

Gärtnern im Kleingewächshaus

Kulturanleitung für Zier- und Nutzpflanzen

BLV GARTEN- UND BLUMENPRAXIS

Die Deutsche Bibliothek –
CIP-Einheitsaufnahme

Stein, Siegfried:
Gärtnern im Kleingewächshaus:
Kulturanleitungen für Zier- und
Nutzpflanzen / Siegfried Stein. –
5., überarb. Aufl., (Neuausg.). –
München; Wien; Zürich: BLV, 1997
  (BLV-Garten- und Blumenpraxis)
  ISBN 3-405-15211-9

5., überarbeitete Auflage
(Neuausgabe)

BLV Verlagsgesellschaft mbH
München Wien Zürich
80797 München

BLV Garten- und Blumenpraxis

© BLV Verlagsgesellschaft mbH,
München 1997

Das Werk einschließlich aller seiner Teile
ist urheberrechtlich geschützt. Jede
Verwertung außerhalb der engen
Grenzen des Urheberrechtsgesetzes
ist ohne Zustimmung des Verlags
unzulässig und strafbar. Das gilt
insbesondere für Vervielfältigungen,
Übersetzungen, Mikroverfilmungen und
die Einspeicherung und Verarbeitung
in elektronischen Systemen.

Lektorat: Eva Ott

Einbandgestaltung: Studio Schübel, München

Gesamtherstellung: R. Oldenbourg,
München

Gedruckt auf chlorfrei gebleichtem Papier

Printed in Germany · ISBN 3-405-15211-9

Bildnachweis
Apel: 50, 83, 84
Archiv: 113
Beckmann: 6, 40
Deiser: 109 r
Euflor: 80
Krieger: 9, 41, 47, 57, 61, 79, 85 o, 88,
  100 o, 121
»mein schöner Garten«: 2, 19, 59 o, 99 u,
  102, 122
Petersen: 11, 14, 17, 20 o, 21 u, 23, 25,
  28, 29 u, 33, 36, 37 u, 39, 46, 53, 58,
  60 r, 69, 70 u und M, 72 l, 85 u, 86, 89,
  90, 96, 103 u, 105, 107 l, 108, 111, 114,
  118, 119
Pfletschinger: 32 o
Reithmeier: 32 u
Sammer: 77, 78
Seibold: 87, 103 o, 104, 110 o, 123
Sinicki: 107 r, 115
Stangl: 21 o, 49, 51, 75 o, 82
Stehling: 10, 34, 54, 117, 120
Stein: 13, 15, 16, 20 u, 22, 26, 29 o, 35,
  37 o, 43, 52, 56, 59 u, 60 l, 62, 63, 65,
  66, 67, 68, 70 o, 73, 74, 75 u, 76, 81, 91,
  97, 98, 99 o, 100 u, 106, 109 l, 110 u,
  112
Wothe: 72 r

Zeichnungen: Hannes Limmer, München

Umschlagfoto vorn: Kuno Krieger
Rückseite: Siegfried Stein

Inhalt

Das Kleingewächshaus

Behördliche Vorschriften

Noch bevor Sie sich für den Kauf eines Gewächshauses entscheiden, sollten Sie mit dem Hersteller ein intensives Gespräch über mögliche Vorschriften führen. Zusätzlich empfiehlt es sich, zunächst in allgemeiner Form Erkundigungen über die örtlichen Bauordnungen einzuziehen. Kleingewächshäuser sind zwar im allgemeinen genehmigungsfrei. Je nach Standort oder Nutzungsart ergeben sich jedoch für die zuständigen Bauämter mitunter Kriterien, die mit verschiedenen Vorschriften in Einklang zu bringen sind. Ein Anlehnhaus oder ein bewohnbarer Wintergarten werden anders beurteilt als ein kleines Folienhaus im Gemüsegarten. Auch in Kleingartenvereinen sind die Satzungen hinsichtlich der Aufstellung von Kleingewächshäusern je nach Region sehr unterschiedlich. Ein Gespräch mit dem Vereinsvorstand kann auf jeden Fall nicht schaden und erspart Ihnen möglicherweise unangenehme Konsequenzen.

Der richtige Standort

Ein Gewächshaus soll den darin wachsenden Pflanzen ein Optimum an Licht und Wärme vermitteln können. Der Platz für das Gewächshaus sollte daher sonnig sein und wenn möglich auch windgeschützt. Auf keinen Fall sollten Sie einen Standort unter einem Baum in Erwägung ziehen. Auch von hohen Hecken, Mauern und Trennwänden wird mindestens ein Abstand von 3–4 m benötigt. Je mehr das Lichtangebot beeinträchtigt ist, desto weniger kann sich das Wachstum entfalten. Optimal ist die Ausrichtung mit der Breitseite nach Süden, schon weniger günstig eine Ost- oder Westlage. Im allgemeinen nicht akzeptabel ist die Nordlage hinter einem Haus.

Bauformen

Von den Herstellern werden verschiedene Formen der Gewächshäuser angeboten. **Pultdach-** oder **Anlehnhäuser** sowie die jetzt wieder in Mode kommenden **Pavillons** sind wegen der Möglichkeit zur Energieeinsparung von besonderem Interesse. Durch eine enge Verbindung zum Wohnraum bietet sich insbesondere die Nutzung als Wintergarten oder als Vielzweckhaus an. Demgegenüber sind Bauformen wie das **Satteldachhaus** überwiegend für die Kultivierung von Pflanzen gedacht. Auch sie sollten eine ausreichende Stehwandhöhe besitzen, d. h. mindestens 1,60 m, und eine ausreichende Firsthöhe.

Der Gewächshaustyp der **Erdhäuser** war früher weit mehr üblich als heute, obwohl er energiesparend ist und von der Nutzung her für bestimmte Pflanzenarten (z. B. für Orchideen) Vorteile mit sich bringt. Es handelt sich um niedrige Häuser mit einem in die Erde hineingebauten Arbeitsgang und ebenfalls ausgeschachteten, seitlich angelegten Kulturbeeten. Die Abdeckung erfolgt häufig durch Frühbeetfenster. Eine solche Konstruktion läßt sich mit geringem Aufwand in Selbstbauweise herstellen. Wegen des geringen Lichteinfalls kann man sie jedoch nicht für hochwachsende Pflanzen benutzen. Wird ein Erdhaus an ein Wohnhaus angefügt, bietet sich der Eingang vom Keller her an.

Das Kleingewächshaus

Die richtige Größe

Welche Form auch immer gewählt wird, Sie sollten von vornherein darauf achten, daß das Haus nicht zu klein gerät. Es ist keine Freude, später feststellen zu müssen, daß man sich nicht bewegen kann und weder mit einer Pikierkiste in der Hand, noch mit einer Schubkarre reibungslosen Zugang findet. Für die Versorgung einer 4köpfigen Familie sind 10–12 m² Grundfläche knapp ausreichend. 15–18 m² sind eher angemessen, vor allem, wenn neben Gurken und Tomaten noch einige Blumen gezogen werden sollen. Generell sollten Sie bei der Auswahl Ihres Gewächshauses auf folgende Punkte achten:

- Aus welchem Material besteht die Tragekonstruktion? – Verzinkter Stahl fängt auch bei guter Behandlung nach einiger Zeit an zu rosten, bei Aluminium kann dies nicht passieren. Holz sieht zunächst gut aus, ist aber pflegeaufwendig.
- Die Türen sollten ausreichend breit sein. Schiebetüren erfordern weniger Platz als Schwingtüren.
- Das Gewächshaus sollte keine scharfen Kanten besitzen, an denen man sich verletzen kann.
- Die Scheiben sollten möglichst durchgehend sein. Die häufig angebotene Schindelbauweise mit überlappenden kleinen Scheiben bringt immer Lichtverlust und undichte Stellen, d. h. Energieverlust, mit sich.
- Die Konstruktion sollte keine Kältebrücken aufweisen, d. h. eine entsprechende Isolierung mit gut gestalteten Profilen ist vorteilhaft. Wenn an eine Beheizung nicht gedacht wird, ist dies unerheblich.

Abdeckmaterialien

Für die Dachhaut stehen Glas, Kunststoffplatten oder Folien zur Verfügung.

Glas

Glas ist wohl am geläufigsten, wobei 2 Ausführungsarten in Frage kommen:

Gartenklarglas, das der Erwerbsanbau vorwiegend verwendet, hat eine genörpelte Oberfläche in 4 mm Dicke. Die genörpelte Fläche sorgt für eine bessere Lichtstreuung. Sie wird nach innen verlegt. Die Gefahr des Verbrennens der Pflanzenteile ist bei dieser Glasart geringer.

Gartenblankglas ist ein einfaches Glas mit glatter Oberfläche. Es ist voll durchsichtig. Bei den heutigen Energiekosten ist es nur noch für unbeheizte Gewächshäuser oder Kalthäuser empfehlenswert.

2-Scheiben-Isolierglas ist als verschmolzenes Doppelglas bei jedem Glaser auf Bestellung erhältlich. Vom Wohnungsbau her ist es kein Problem, angegebene Maße genau zuzuschneiden. Es gibt jedoch von der Industrie auch fertige Standardabmessungen, die natürlich preisgünstiger kommen, z. B. Floratherm A, Gerrix Toptherm, Klima plus, Sedo 2,5 und andere. Die Wärmedämmung ist um 40–45% günstiger als bei Einfachglas.

3-Scheiben-Isoliergläser mit 2 Kammern ersparen nochmals 50% Wärmeverlust. Ihr hohes Gewicht ist jedoch nachteilig, so daß diese Gläser selten für die Dachkonstruktion, wohl aber für die Stehwände von Wintergärten in Frage kommen.

Wichtig: Die gängige Scheibenbreite für Glasarten ist 60 cm. Es gibt zwar andere Standardnormen, wie z. B. 72 und 50 cm. Diese sind aber zu wenig gebräuchlich, so daß die Scheiben (z. B. für Reparaturen) immer kistenweise bestellt und abgenommen werden müssen. Auch im Hinblick auf mögliche spätere Veränderungen, Nachkäufe und Nachrüstungen ist es unbedingt ratsam, bei der Standardbreite von 60 cm zu bleiben. Die Lichtdurchlässigkeit von Einfachglas ist mit 90% hoch. Glas läßt auch UV-Strahlen durch, die für die Ausbildung von Farben und Geschmacksstoffen von besonderer Bedeutung sind.

Kunststoffe

Die Alternative zum Glas sind Kunststoffe, die bei Kleingewächshäusern viel Verwendung finden. Ein gewisser Nachteil ist ihre Brennbarkeit. Auch schwerer Hagel kann zumindest dem Aussehen schaden, wenn auch die Körner selten durchbrechen. Dem stehen als Vorteile wesentlich geringeres Gewicht, leichte Verarbeitung durch Sägen und Verkleben und eine weitaus bessere Lichtstreuung gegenüber. Vielfach werden daher Schattierungsmaßnahmen überflüssig, es gibt weniger Verbrennungen. Für die Wärmeausdehnung müssen genügend große Dehnungsfugen einkalkuliert werden. Das Material ist weitgehend UV-strahlenbeständig und altert nicht. Langjährige Garantien werden durch die Hersteller gegeben. Die Wärmedurchgangszahlen sind etwa mit Glas vergleichbar. Ein Glasersatz sind z. B. starre PVC-Folien von ca. 0,5 mm Dicke, die es in

Wintergärten bieten eine vielfältige Art der Nutzung.

Baumärkten von der Rolle gibt. Für den Gewächshausbau sind jedoch Platten aus aneinander gereihten Hohlkammern interessanter, vor allem als Alternative zum Doppel- und Dreifachglas. Die dünneren lassen sich biegen und eignen sich auch zur Nachrüstung von Einfachverglasungen und von gebogenen Profilkanten. Solche Produkte sind z. B. die »Thermostegdoppelplatte« aus PVC, die 3,5 mm dicke »Akylux-PVC-Platte« und die »Polydet-Platte«, die mit Glasfasern verstärkt ist, sowie die 6 mm dicke Hohlraumplatte »Macrolon« aus Polycarbonat von Bayer. Am meisten jedoch werden im Kleingewächshausbau die sog. »Stegdoppelplatten« der Firma Röhm aus Acrylglas (Plexiglas) verwendet.

9

Bereits Folienhäuser ermöglichen eine Vielfalt von Nutzungsmöglichkeiten.

Empfehlenswert ist insbesondere die Qualität »NoDrop 16 mm«, mit einer Spezialbeschichtung gegen Tropfenbildung.

Auch die dreischalige Verglasung mit 2-Kammersystem ist möglich mit der Plexiglasplatte S 3 P, die 32 mm dick und 123 cm breit geliefert wird, klar durchsichtig oder genörpelt. Mit ihr wird eine Energieeinsparung gegenüber einfacher Verglasung von etwa 60% erreicht. Der K-Wert beträgt 1,9. Bei lediglich 7 kg Gewicht pro m² ist dies eine interessante Alternative zu den schweren Isolierglasscheiben. Auf die Lichtbeständigkeit des Materials gibt es 10 Jahre Garantie. Acrylglas ist als einziger Kunststoff durchlässig für UV-Strahlen.

Bei all diesen Lösungen muß bedacht werden, daß jede Zwischenschicht zwar den Energieverbrauch senkt, aber auch den Lichteinfall um etwa 8–10% mindert, d. h., das Pflanzenwachstum erleidet zwangsläufig Einbußen, so daß das Isolieren irgendwo seine Grenze findet. Umgekehrt wird der Aufheizeffekt im Gewächshaus durch Sonnenstrahlen durch solche Schichten gemindert, so daß die natürliche Strahlung nicht in dem sonst üblichen Maße wirksam werden kann.

Folien

Für die Dachhaut hat sich in starkem Maße auch Folie durchgesetzt. Der anfänglich bestehende Nachteil der geringen Haltbarkeit hat sich seit dem Auftauchen der gegen den zersetzenden Einfluß von UV-Strahlen stabilisierten PE (= Polyäthylen)-Folie relativiert. Inzwischen sind diese Folien nach vorliegenden Erfahrungen so gut, daß sie bei einer garantierten Haltbarkeit von 3 Jahren doch in der Praxis ohne weiteres 4 bis 5 Jahre ohne auftretende Schäden aushalten. UV-stabilisierte PE-Folien erkennt man im neuen Zustand an der gelblichen Färbung. Eine häufig verwendete Dicke ist 0,2 mm, bei Breiten von bis zu 8 m sind Längen bis zu 50 m erhältlich.

Nicht geeignet sind Folien aus dem Baustoffhandel, die zum Verpacken benutzt werden, da sie sich innerhalb sehr kurzer Zeit destabilisieren und brüchig werden.

Angeboten werden auch Folien mit einer Gittereinlage, die weniger verletzungsgefährdet sind, jedoch auch stark den Lichteinfall reduzieren.

Anlehnhäuser sind sehr beliebt, platzsparend und meist problemlos an die Heizung des Wohnhauses anzuschließen. Gerundete Scheiben und bronzierte Profile bieten mehrere Hersteller an.

Einbau der Scheiben

Für die Anbringung gibt es vorgefertigte Abdichtungen und Profilleisten. Je nach Material ist auch eine Falz aus Silikonkautschuk zum Dichten geeignet. Der herkömmliche Kitt wird kaum noch verwendet.

Auch nachträglich lassen sich vorhandene Gewächshäuser noch energiesparend umrüsten. Hierfür gibt es Abstandhalter aus PVC und auch Spezialprofile, die das Material sturmfest auf den Sprossen verankern. Sind die vorhandenen Sprossen für diese Aufbauten ungeeignet, kann man es auch mit speziellen Klebebändern versuchen, die es in 4 bzw. 6 cm Breite gibt.

Klimaregulierung

Wärme

Neben Energie in Form von Licht benötigen Pflanzen auch Wärme, um im vorgegebenen Rhythmus wachsen und gedeihen zu können. Aus den Wärmeansprüchen der Kulturen leitet sich die Einteilung nach Nutzungstypen ab: unbeheizt (für die reine Sommernutzung), frostfrei gehaltenes Kalthaus (5–10 °C), temperiertes (12–18 °C) und warmes Gewächshaus (20–26 °C). Durch Abtrennungen lassen sich im gleichen Gewächshaus verschiedene Klimabereiche schaffen. Ein Gewächshaus wirkt selbst als großer Sonnenkollektor. Es nimmt Licht-

Das Kleingewächshaus

strahlen auf und verwandelt sie nach dem Auftreffen auf Glaskonstruktionen, Boden und Pflanzen in Wärmestrahlen, so daß sich durchaus zuweilen auch ein Zuviel an Wärme ergeben kann. Man muß sie entweder abführen (durch Lüftung), wobei sich die Temperatur auf für Pflanzen erträgliche Werte senkt. Man kann sie aber auch in entsprechenden Speicher-Elementen sammeln und für die Zeit ohne Energiezufuhr, also z. B. während der Nacht, nutzen. Neben den vom Wohnhausbau bekannten Arten der Ausnutzung von Sonnenenergie, wie z. B. Wärmepumpen oder Solarkollektoren (diese senkrecht gestellt, z. B. vor der Gewächshaus-Seitenwand) hat sich vor allem Wasser als praktikabler Energiespeicher erwiesen. Da die Rentabilität fertig angebotener Lösungen nach wie vor kritisch bleibt, sind es vor allem Bastler, die diese Möglichkeit ausnutzen. Hierfür bietet sich z. B. ein Anlehnhaus mit einer rückwärtigen Mauer an, die auch selbst Energie speichert und wieder abgibt. Zusätzlich können mit Wasser gefüllte Behälter, z. B. 10 l Plastikgefäße, übereinander gestapelt werden. Sie erwärmen sich und kühlen wieder ab. Da eine solche Ansammlung von Behältern nicht sonderlich gut aussieht, muß ein passender Sichtschutz her, z. B. ein engmaschiges Drahtgitter, dunkel gefärbtes Gewebe oder ähnliches.

Den Speichereffekt dunkler Wasserschläuche aus Folien nutzt auch das System »Betasolar«, mit dem sich die Sonnenenergie zum Erwärmen der Beete, z. B. bei Gemüsekulturen, ausnutzen läßt.

Damit sind wir bereits bei den verschiedenen Möglichkeiten der Behei-

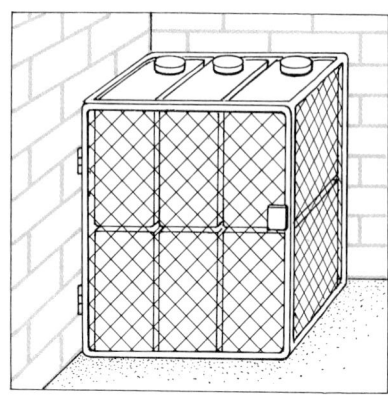

Vorschlag für den Eigenbau eines Solarenergiespeichers aus gefüllten Wasserkanistern.

zung, die sich technisch am einfachsten durchführen läßt, wenn das Heizsystem an die Warmwasserheizung des Wohnhauses angeschlossen ist. Meist haben die eingebauten Kessel genügend Reserve, um den Anschluß eines Gewächshauses verkraften zu können. Ein eigener Regelkreislauf für das Gewächshaus sollte jedoch sein, denn selten laufen Wärmebedarf im Wohnhaus (z. B. in Schlafräumen) und in Gewächshäusern parallel.

Die Beheizung kann über feste Brennstoffe vorgenommen werden, über flüssige, Gas und auch elektrisch. Mit Gas, Koks und Holz erhält man im allgemeinen den höchsten Gegenwert an Energie für den eingesetzten Preis. Strom ist am teuersten, allerdings auch am leichtesten zu regeln, am sparsamsten und wirksamsten einzusetzen und sauber in der Anwendung. Bei der Entscheidung für den einen oder anderen Wärmelieferanten müssen jedoch auch die Umstände des Transports, der Wartungsfreiheit und der Automatisierung beachtet werden.

Das Kleingewächshaus

Botasolar-Schläuche speichern tagsüber Sonnenenergie.

Der Wärmebedarf

Der Wärmebedarf eines Gewächshauses ergibt sich aus der Nutzung, die vorgesehen ist, und berechnet sich nach der Formel: Außenfläche in m² × Temperaturdifferenz zwischen gewünschter Innentemperatur und niedrigster angenommenen Außentemperatur in °C und dem Faktor K = Wärmedurchgangswert für die Konstruktionsmaterialien des Gewächshauses. Anschließend einige Beispiele:

Material	K-Wert
Glas	6,5
Stegdoppelplatte SDP 16	2,9
Stegdreifachplatte S3P	1,9
Beton 15 cm stark ohne Verputz	3,1
Mauerwerk 25 cm dick	1,8
Wärmedämmglas Cudo u. a.	1,3

Ein Beispiel zur Berechnung des Wärmebedarfes: Bei einer Glasfläche von 50 m² und einer gewünschten Innentemperatur von 15 °C errechnet sich der Wärmebedarf in einem Gewächshaus mit Einfachverglasung bei −20 °C Außentemperatur wie folgt: 50 m² × Temperaturdifferenz 35 °C × K-Wert 6,5 = 11 375 kcal = 47 661 kJ. Wird dagegen die Stegdreifachplatte »Plexiglas S3P« benutzt, dann reduziert sich dieser Bedarf auf 50 m² × 35 (Temperaturdifferenz) × 1,9 (K-Wert) = 3325 kcal = 13 932 kJ.

Frostschutzmaßnahmen

Bei noch niedrigeren Temperaturen können Sie im Extremfall leicht auch einige Zusatzmaßnahmen treffen, z. B. im Gewächshaus einen elektrischen Heizlüfter aufstellen. Solche Geräte gibt es preisgünstig im Handel. Sie sind mit einem primitiven Thermostaten ausgerüstet, der sich bei erreichter Temperatur zwischendurch abschaltet, so daß der Apparat nicht die ganze Nacht läuft.
Außerdem bringt Folienunterspannung oder Überspannung nochmals eine beträchtliche Energieeinsparung. Mein Gewächshaus z. B. wird in besonders kalten Nächten mit einer Haube aus Noppenfolie von außen bedeckt, was eine zusätzliche Erhöhung der Temperatur um ca. 4 °C bringt. Bei wärmerem Wetter wird diese Haube wieder abgenommen, um den Lichteinfall zu erhöhen.
Bei Häusern ohne Heizung oder in Kalthäusern helfen auch einige einfache Maßnahmen über die ersten Fröste oder Frühfröste im Herbst hinweg: Petroleumlampen zwischen die Beete gestellt, sind eine einfache und preisgünstige Möglichkeit der Nachtheizung. Sie ist um so sicherer, als die Lampen auch mit einem Vorrat für

Viel zuwenig genutzt werden Infrarotwärme-strahler. Energiesparend wird hier nur ein klei-ner Teil des Hauses erwärmt.

Heizungsarten

In vielen Kalthäusern werden einfache Einzelöfen eingesetzt. Ein Petroleum-ofen vermag über längere Zeit ein Ge-wächshaus von 20–25 m³ Luftraum über der Frostgrenze zu halten. Für Notfälle ist er daher gut zu gebrau-chen, benötigt auch keinen Kaminan-schluß und reicht mit einer Tankfül-lung 1 bis $1^1/_2$ Tage aus. Verschiedene Modelle sind im Handel.

Gasheizöfen für Flüssiggas bieten eine weitere einfache Möglichkeit der Gewächshausheizung ohne besonde-ren Schornsteinanschluß. Gasheiz-öfen lassen sich bequem regeln und über Thermostaten steuern. Nachtei-lig kann sich der hohe Ausstoß an CO_2 auswirken. Entsprechende Erfah-rungen und Referenzen sollten daher im Zweifelsfall bei dem Hersteller ab-gefragt werden.

Während die Einzelofenheizung mehr als Notlösung betrachtet werden muß, ist eine Warmwasserheizanlage immer eine Einrichtung, die auf Dauer und komfortabel Wärme liefert. Da die Wärme von unten nach oben steigt, ist die sogenannte Niederrohrheizung am effektivsten, wobei die Heizrohre nicht höher als ca. 80 cm befestigt werden. Ein ohnehin vorteilhafter Ven-tilator kann zusätzlich für eine bes-sere Verteilung der Wärme sorgen.

Als sehr günstig hat es sich erwiesen, Plastikrohre mit zirkulierendem Warm-wasser von ca. 40 °C im Boden zu ver-legen (Fußbodenheizung), oder aber auf den Beeten zwischen den Pflan-zen als »Vegetationsheizung« zu in-stallieren. Auf diese Weise wird die Wärme dort abgestrahlt, wo sie tat-sächlich benötigt wird, nämlich in Pflanzennähe.

mehrere Stunden Brenndauer ausge-rüstet werden können.

Windlichter, über die man größere Blumentöpfe stülpt, erfüllen einen ähnlichen Zweck. Am einfachsten ist es, evtl. sonst im Freiland verwendete Schlitzfolie (keine Lochfolie!) oder ein Vlies über die Pflanzen zu breiten. An diesen wasserdampfdurchlässigen Materialien gefriert im Ernstfall Tau und bildet für die darunter liegenden Pflanzen eine isolierende Schicht, die in Versuchen bis zu $-8\,°C$ Frost ab-gehalten hat. Einen ähnlichen, aber geringeren Effekt liefert über die Pflanzen gebreitetes Pack- und Zei-tungspapier. Glatte transparente Fo-lien dagegen bringen fast gar nichts.

Wintergärten werden am besten mit einer Fußbodenheizung ausgestattet, die ebenfalls mit niedriger Temperatur betrieben werden kann. In schneereichen Gegenden sind evtl. auch zusätzliche Rohre zum Abtauen der Schneelast in Firsthöhe notwendig. Neben Wasserrohren und Rippenheizkörpern als Wärmeabstrahler kommen auch Konvektoren in Betracht, die über ihren Lamellen die Warmluft in sehr konzentrierter Form abgeben und eine Thermik mit aufsteigender Warmluft und von unten nachfließender Kaltluft erzeugen.

Über Strom arbeiten auch Heizgebläse, Elektroflächenspeicherheizungen mit Ausnutzung der günstigen Nachtstromtarife und Konvektoren. Eine leider noch viel zu wenig angewendete Methode der kostengünstigen Beheizung im Kalthausbereich ist der Einsatz von Infrarotstrahlern. Sie erzeugen hauptsächlich Strahlungswärme, d. h. Pflanzen und Boden weisen eine erhöhte Temperatur auf, während die umgebende Luft vergleichsweise kalt bleibt. Der Energieeinsatz kommt damit zu einem optimalen Nutzeffekt.

Lüftung und Kühlung

Jedes Gewächshaus muß in der Lage sein, die entstehende Wärme in ausreichendem Maße abzuführen. Gerade effektive Lüftungsmöglichkeiten sind wichtige Faktoren bei der Auswahl des gewünschten Gewächshaustypes. Insbesondere, wenn die Nutzung zum menschlichen Aufenthalt gedacht ist, also für Wintergärten, gewinnt dieser Punkt eine besondere Bedeutung. Gewiß lassen sich die Türen als zusätzliche Lüftungsmöglichkeit öffnen, dennoch sollten ausreichend Lüftungsklappen an den Seiten und im Dachbereich vorhanden sein. Es ist leichter, die Lüftungskapazität nicht voll auszunutzen, als sie nachträglich vergrößern zu wollen. Gestaute Wärme führt zur Überhitzung und zu Verbrennungen. Der Lüftungsbedarf hängt entscheidend mit der geplanten Nutzung zusammen, ebenfalls mit dem zur Verfügung stehenden Lichtangebot. Während bei geringerer Lichtintensität 20 °C bereits für eine

Sehr praktisch sind elektrisch betriebene Rippenrohrheizungen.

Das Kleingewächshaus

Luftumwälzung ist wichtig. Oft genügt schon ein kleines Gerät. Hier steht es auf einem abklappbaren Regal.

winterliche Salatkultur zuviel sind, fühlen sich bestimmte Orchideen sogar noch bei 40 °C sehr wohl, sofern die vorhandene Wärme über einen Ventilator ständig umgewälzt wird. Eine generelle Regel läßt sich daher nicht aufstellen. Automatische Fensteröffner gibt es für relativ wenig Geld. Sie arbeiten fast wartungsfrei und sind bei Neuanlagen unbedingt zu empfehlen. Während der Fall, daß die Temperatur heruntergekühlt werden muß, eigentlich nur bei Wintergärten eine Rolle spielt (hierzu gibt es aus dem Wohnungsbau hervorragende Lösungen), kommt der Umwälzung der Luft eine weitaus stärkere Bedeutung zu. Sie verhindert Schäden an den Pflanzen durch Hitzestau und verhindert in entscheidendem Maße das Auftreten von Pilzkrankheiten. Auch verschiedene Schädlinge werden durch eine gut arbeitende Ventilatoranlage an der Ausbreitung gehindert. Die Lüfter können thermostatisch geschaltet werden. Brauchbar sind für kleinere Gewächs-

häuser bereits einfache Tischventilatoren, die es im Elektrohandel gibt. Für größere Anlagen werden Ventilatoren in die Außenwand eingesetzt, wobei das Gerät eine ausreichende Leistung haben sollte, um das Luftvolumen wenigstens 5–10mal pro Stunde umwälzen zu können.

Luftfeuchtigkeit

Von Kakteen und Sukkulenten abgesehen, fühlen sich alle Pflanzen erst bei ausreichend hoher Luftfeuchtigkeit wohl. Luftfeuchtigkeit entsteht durch Verdampfen über die Wegeflächen, über den Gewächshausboden, durch Besprühen der Pflanzen mit dem Schlauch oder über Behälter mit Wasser durch Verdunstung. An heißen Tagen bekommt den meisten Pflanzen eine kühlende Dusche ausgezeichnet. Lediglich Usambaraveilchen, Gloxinien oder andere Gesneriaceen mit ihren behaarten Blättern reagieren darauf negativ. Orchideen und Bromelien sind dagegen auf Luftfeuchtigkeit in besonderem Maße angewiesen, da sie an hohe Luftfeuchtigkeit gewöhnt sind und über Saugschuppen zusätzlich Wasser aufnehmen können. Hohe Luftfeuchtigkeit, insbesondere nachts, läßt jedoch bei absinkenden Temperaturen auch Pilzkrankheiten aufkommen (z. B. Mehltau). Daher vor allem morgens gießen, damit die Blätter rechtzeitig abtrocknen.
Elektrische Luftbefeuchter können in kleineren Häusern durchaus einen wirkungsvollen Beitrag zur Steigerung der Luftfeuchte leisten. In größeren Anlagen sind die vorgenannten Maßnahmen effektiver.

Das Kleingewächshaus

Schattierung

Neben der Lüftung und Luftumwälzung ist das Schattieren die wirkungsvollste Methode, um ein Übermaß an Wärmestrahlung und zu hohe Temperaturen abzufangen. Schon bei der Auswahl des Eindeckmaterials für die Außenhaut können wir eine Menge tun, um eine Schattierung überflüssig werden zu lassen. Verbrennungen in Folienhäusern z. B. sind äußerst selten, weil das Material UV-Strahlen nur in beschränktem Maße durchläßt. Brechende Lichtstrahlen und feine Verteilung über genörpeltes Glas oder über Stegdoppelplatten aus Acryl wirken auch in die selbe Richtung. Dagegen verhalten sich Isolierglasscheiben aus Blankglas manchmal wie Brenngläser.

Eine selbstgebaute Innenschattierung. Als Energieschirm hemmt sie nachts den Wärmeabfluß.

Außenschattierung

Die einfachste Methode, Schatten zu erzeugen, ist ein Anstrich mit weißer Spezialschattierfarbe, mit dem Nachteil, daß ein solcher Anstrich nicht gut aussieht und später mit hohem Arbeitsaufwand wieder entfernt werden

Eine primitive, aber brauchbare Befestigung für Schattiergewebe.

muß. Außerdem gelangt bei regnerischem Wetter leicht zu wenig Licht hindurch.

Die Dauerauflage von Schattiergewebe aus Kunststoffgeflecht bringt den gewünschten Erfolg, ist aber mit Arbeit verbunden. Besser, aber erheblich teurer, ist eine Aufrolleinrichtung für Matten aus Plastikröhrchen, die etwa 8 bis 10 Jahre haltbar sind, oder aus Kunststoffgeflecht mit einer Haltbarkeit von 5 bis 7 Jahren. Die damit verbundenen Arbeiten lassen sich leicht automatisieren. Die Nachteile der Außenschattierung liegen in den hohen Aufwendungen, weil sie sturmfest gebaut werden müssen.

In den Gärtnereien sieht man daher sehr häufig Innenschattierungen, d. h. Leinen- oder Kunststoffgeflecht. Es ist an Drähten und Rollen gespannt, die leicht hin und her gerollt oder geschoben werden können. Eine solche Konstruktion ist nicht aufwendig und kann evtl. sogar selbst gebastelt werden. Sie besitzt allerdings auch einige

17

Phalaenopsis-Orchideen danken Zusatzbelichtung im Winter mit reicherer Blüte.

Licht

Nachteile: Der Kulturraum wird
beengt, die Pflanzen, die am Dach
entlang ranken, wie z. B. Gurken oder
Wein, werden in ihrer Entwicklung gehindert. Außerdem gelangt die Wärme
zunächst einmal in den Innenraum
und heizt die Temperatur zwangsläufig auf.
In Wintergärten geben aufgespannte
Sonnensegel dem Raum eine duftige
Atmosphäre. Was tagsüber die Tem-
peraturerhöhung abfängt, hält während der Nachtstunden umgekehrt die
Wärmeabstrahlung in Grenzen. Die
Schattierungsanlage kann daher auch
als Energieschirm eingesetzt werden,
vor allem, wenn das Gewebe dichte
Struktur besitzt.

Unter Glas erhalten die Pflanzen generell nur etwa 50–60 % des Lichtangebotes, das im Freien zur Verfügung
steht, denn die Konstruktion, die Ein-
deckmaterialien und Verschmutzung
schlucken den Rest. Insbesondere in
den Wintermonaten kann die zur Verfügung stehende Lichtmenge unter
das Lebensminimum fallen, so daß
mehr Biomasse zum Eigenleben der
Pflanze benötigt wird, als neu hinzu-
kommt. Das Wachstum kommt dann
zum Stillstand. Ist gleichzeitig die
Temperatur sehr niedrig, sind alle Le-
bensvorgänge reduziert und angepaßt. Ist sie dagegen zu hoch, dann
vergeilen die Triebe, Fruchtgemüse
wie Radies bilden keine Knolle und
Salat keine Köpfe. Die Bedeutung die-

Das Kleingewächshaus

ses Zusammenhanges zu erkennen, ist wichtig, denn oftmals wundern sich Gewächshausbesitzer, weshalb sie trotz aller Technik nicht die gewünschten und erhofften Erfolge erzielen können. Gemüse und blühende Topfpflanzen benötigen im allgemeinen mindestens 2000–3000 Lux (Lux = Meßeinheit für Licht). Während im Freien an einem strahlenden Sommertag ca. 50 000 Lux gemessen werden, sind es an einem wolkenverhangenen Tag im Dezember im Gewächshaus nur 1000–1500 Lux. Sie können sich mit Hilfe eines preiswerten Luxmeters, das es im gärtnerischen Fachhandel gibt, leicht selbst einen Überblick verschaffen.

Unter 1000 Lux können nur einige Blattpflanzen vegetieren. Schattenkünstler, wie z. B. *Tradescantia,* die Dreimasterblume, *Aspidistra,* die Schusterpalme, und *Cissus rhombifolia,* der Russische Wein, sowie einige Farne halten noch bei 600–700 Lux aus. Kakteen benötigen mindestens 3000–5000 Lux. Fluora-Leuchtstoffröhren mit hohem Blau-Rot-Anteil kommen den Bedürfnissen der Pflanzen am nächsten, ergeben jedoch für das menschliche Auge ein wenig gefälliges Licht. Eine gute Kompromißlösung erzielt man mit Leuchtstoffröhren, deren Lichtausbeute im Vergleich zu Glühlampen bei gleicher Stromaufnahme um das 4fache höher liegt, mit den Lichtfarben 32 Warmton de Luxe und 36 L natura. Zur besseren Lichtausnutzung sollten Außen- oder Innenreflektoren verwendet werden. Mit 7000–8000 Betriebsstunden sind Leuchtstoffröhren lange haltbar. Die Betriebskosten liegen niedrig.

Ähnlich den Röhren, aber viel kleiner und in übliche Sockel passend, sind die modernen »Energiesparlampen« mit 15–36 Watt (Kompakt-Leuchtstofflampen) mit den Lichtfarben »Warmton« und »Warmton extra«. Quecksilberdampfhochdrucklampen (HQL) sind als Quelle für Wachstumslicht sehr interessant, ebenfalls von der Lebensdauer (ca. 12 000 Stunden) und von den geringen Unterhaltskosten her. Natriumdampf-Hochdrucklampen bringen Höchstleistungen bei großer Wirtschaftlichkeit. Allerdings ist ihr Licht gleißend hell.

Als Zusatzbelichtung zur Jungpflanzenanzucht empfehlen sich am besten die eingangs erwähnten Leuchtstoffröhren, die an Ketten höhenverstellbar aufgehängt werden und zwar 40–50 cm hoch. 60–100 Watt pro m^2 werden benötigt, d. h. 2 Röhren von je 1 m Länge à 40–60 Watt genügen im allgemeinen.

Zeitige Aussaaten benötigen zusätzliche Belichtung.

Das Kleingewächshaus

Chrysanthemen blühen nur unter Kurztagsbe-
dingungen. Ungewöhnliche Blühzeiten erzielt
man durch Verdunkeln mit schwarzer Folie
(Konstruktion s. S. 17).

Chinakohl blüht im Langtag. Bei zu früher
Aussaat gibt es Blüten statt Köpfe.

Kurz- und Langtagspflanzen

Die meisten unserer Pflanzen steuern
die Blütezeit und auch den Wachs-
tumsrhythmus nach der Tageslänge.
Chrysanthemen, Poinsettien und
Kalanchoë sind typische Beispiele für
Kurztagspflanzen, d. h. die Blüte wird
erst angesetzt, wenn die Tageslänge
weniger als 12 Stunden beträgt. Will
man die Blütezeit zu einer anderen
Jahreszeit erzielen, dann muß verdun-
kelt werden, das bedeutet Abdeckung
mit einer dunklen Plastikfolie. Bei
Chrysanthemen funktioniert dies sehr
genau. Andere Pflanzen lassen sich
dabei jedoch schon durch geringe
Lichtintensitäten stören. Z. B. unter-
bricht eine während der Nacht bren-
nende Straßenbeleuchtung den Blütenansatz bei Kalanchoë. Gemüse
reagiert ebenfalls auf Tageslängen. So
ist der Spinat als Langtagspflanze aus
diesem Grunde nur in den Frühjahrs-,
Herbst- und Wintermonaten zur aus-
reichenden Blattbildung bereit,
ebenso Salat, der im Sommer zu Blü-
tenbildung neigt, und Endivien, Fenchel, Zuckerhut, Salat und Chinakohl,
die erst im Kurztag ausreichend Blätter zu einem Kopf formen.

Grundlagen der Gewächshauskultur

Nützliches Zubehör

Zum Messen der im vorigen Kapitel genannten Vorgänge sollten im Gewächshaus mindestens vorhanden sein:

Ein **Minimum- und Maximumthermometer,** das einen Hinweis auf die Temperaturen gibt in der Zeit, in der man das Gewächshaus gewöhnlicherweise nicht betritt.

Auch ein **Hygrometer** ist zur Orientierung nützlich. Als Faustregel kann gelten, daß die Luftfeuchte jeweils 3mal so hoch als die im Raum herrschende Temperatur sein sollte.

Sehr empfehlenswert ist ein **Frostwarner,** der sich bei einer Mindesttemperatur einschaltet und unabhängig vom Stromkreis, also batteriebetrieben, funktioniert. **Temperaturregler** gehören bereits zum fortgeschrittenen Bedarf, steuern aber die genaue Anpassung der Heizung an die erforderlichen Temperaturen und bringen auf diese Weise ihre Anschaffungskosten innerhalb kurzer Zeit wieder herein.

Wärmeplatten und kunststoffummantelte **Kabel** als Bodenheizung dienen der gezielten Erhöhung der Bodenwärme. Kostensparend finden sie insbesondere bei der Stecklingsanzucht, sowie bei der Anzucht von Jungpflanzen aus Samen Verwendung. In ein Sandbeet verlegt, oder direkt unter die Pikierkiste plaziert, erhöhen sie die Temperatur bei sehr geringem Energiebedarf auf 22–28°, ausreichend, um auch tropischen Pflanzen günstige Wachstumsbedingungen zu bieten. Mit ihnen spart man u. U. das Beheizen des gesamten Gewächshauses. Auch ein **beheizbares Vermehrungsbeet** zur Pflanzenanzucht

Nicht immer schön, aber brauchbar: verschiedene Anzuchtkisten.

Elektrische Bodenheizung in einem Vermehrungsbeet.

wird später häufig genutzt. Ein **Wasserschlauch** sollte wohl selbstverständlich sein, ebenso eine **Düse,** die sich variabel verstellen läßt, so daß auch mit weichem Strahl gegossen werden kann.

Ein **Regenwasserbecken** mit Saugpumpe empfiehlt sich insbesondere für Orchideen und Bromelien, die mitunter sehr empfindlich sind gegen zu

Grundlagen der Gewächshauskultur

Ein Gewächshaus mit automatischem Fensteröffner. Gitter bieten den Pflanzen Halt.

hohe Wasserhärte und zu hohen Kalkgehalt des Leitungswassers.
Eine Ausstattung mit **Pikierschalen**
aus Kunststoff oder Styropor, mit
Topfplatten (z. B. Multitopf oder
System Romberg), in Größen von
4–7 cm Durchmesser mit Andrück-
brettchen, Pikierstab, Saatschalen
und entsprechende durchsichtige Pla-
stikhauben als Abdeckung (auch als
Zimmergewächshaus bezeichnet) gehören zur Standardausrüstung eines
jeden Gewächshauses.
Sehr nützlich sind **Hängeregale,** die
zusätzlichen Kulturraum eröffnen.
Gewächshaustische werden für Topfpflanzen benötigt. In einem reinen
Gemüse-Gewächshaus sind sie überflüssig.

Dagegen gibt es wohl keinen Gewächshausbesitzer, der nicht gelegentlich einen **stabilen Arbeitstisch**
benutzt.
Auch einige **Steuerungsanlagen** z. B.
automatische Fensteröffner und Bewässerungsanlagen erweisen sich
bald als angenehm und nützlich.

Bewässerung

Die Wasserqualität

Regenwasser gilt nach wie vor als am
besten geeignet für fast alle Kulturen.
Lediglich die schwefelenthaltenden
Rückstände der Ölheizung können zu
Schäden führen.
Leitungswasser ist für den menschlichen Genuß aufbereitet. Es kann
pflanzenschädliches Chlor enthalten
und ist in vielen Fällen durch einen zu
hohen Kalkgehalt belastet. Wasser
mit Härtegraden über dH 10 sollte enthärtet werden, weil sich gerade beim
Gießen von Topfpflanzen im Substrat
ein sehr hoher Kalkgehalt aufbauen
kann und außerdem beim Besprühen
der Blätter häßliche Kalkablagerungen
bleiben. Die Wasserenthärtung ist
nicht ganz einfach und erfordert einen
gewissen technischen Aufwand. Einfache Lösungen sind z. B. das Ausfäl-
len der Härte mit Oxalsäure. Für 1 m³
benötigt man 22,5 g chemischer Oxalsäure. Es entsteht Kalziumoxalat, das
am Grund des Gefäßes als Schlamm
ausfällt. Die Firma Gebr. Lenz (Leni-
Hydrokultur) bietet die »Lenz-Filter-
kanne« an, die eine Batterie mit Aktiv-
kohle enthält und nach dem Prinzip
des Ionenaustauschs funktioniert. Bis
zu 50 Kannen Wasser können damit
enthärtet werden.

Grundlagen der Gewächshauskultur

Auf der Basis von Ionenaustauschern arbeiten auch Geräte, die an die Wasserleitung angeschlossen werden, oder größere Filteranlagen. Sie funktionieren durch den Austausch von Kationen (Kalzium, Magnesium und anderen) gegen leichter lösliche Ionen, z. B. Natrium und Wasserstoff. Ionenaustauscher können mit Hilfe von Kochsalzlösung immer wieder regeneriert werden.

Das Gießen

Es gehört zum notwendigen Pflegeaufwand und muß der Witterung und dem tatsächlichen Bedarf der Pflanzen angepaßt werden. Leicht kann man zu viel des Guten tun, insbesondere, wenn das verwendete Substrat nicht durchlässig genug ist. Da Pflanzenwurzeln auch vor allen Dingen Sauerstoff benötigen, sollten Sie bei der Auswahl des Substrates besonders auf Vergießfestigkeit achten! Epiphyten (Aufsetzerpflanzen) wie z. B. Bromelien und Orchideen sind besonders lufthungrig.

Das Gießen läßt sich heute mit Hilfe von verschiedenen Systemen automatisieren. Für die Bewässerung von Grundbeeten und Töpfen geben Tröpfchenbewässerungen langsam und gezielt Wasser ab, ohne zu verschlämmen. Sie werden entweder durch Computer nach festen Zeiten gesteuert oder messen den Feuchte-

Oben: Tröpfchenbewässerung bei Tomaten in Containerkultur.

Unten: Selbstgebaute Anstaubewässerung;
a: wasserdichte Folie; b: Vlies;
c: Abdeckfolie; d: Rinne.

23

Grundlagen der Gewächshauskultur

bedarf über einen elektrischen Tensiometer (z. B. Systeme Gardena und Bosch). Ganz individuell, ähnlich einer Wurzel, steuern die Systeme Beckmann und Tropf-Blumat mit hygroskopischen Zylindern aus Holz oder Ton. Tröpfchenbewässerungen werden an den Wasserhahn oder an einen stationären Behälter angeschlossen und sollten möglichst zusammen mit dem Wasser auch Düngerlösungen ausbringen, damit die Pflanzen immer ausreichend ernährt sind.

Für Gewächshaustische bietet sich neben der Einzelpflanzenbewässerung mit Tropfschläuchen (beim System Beckmann kann sie ganz individuell geregelt werden) auch die Staubewässerung an. Unter Ausnutzung des natürlichen Wasserversorgungssystems im Boden, der Kapillarität (über feine Haarröhrchen steigt Wasser ständig nach oben und verdunstet), versorgen sich dabei die Pflanzen ständig mit dem tatsächlichen Wasserbedarf, der durch Verdunstung entsteht.

Ähnliches geschieht beim Verwenden von Bewässerungsmatten aus Vlies, die sich das Wasser selbsttätig aus einer Art Regenrinne entnehmen, in das sie hineingehängt sind. Sand und Vlies können leicht veralgen, weshalb der Erwerbsgartenbau sich mit einer einfachen Methode hilft. Eine schwarze Folie wird über ein Sandbeet oder Vlies gelegt mit kreuzförmigen Einschnitten an den Stellen, auf denen die Töpfe mit dem Abzugsloch stehen. Tröpfchenbewässerungen müssen gelegentlich entkalkt werden, denn bei hartem Wasser besteht die Gefahr, daß sich die Öffnungen im Laufe der Zeit durch Kalkablagerungen verengen.

Düngung

Pflanzen nehmen Nährstoffe nur in mineralischer Form und in Wasser gelöst auf. Nährstoffe müssen in ausreichender Menge und in ausgewogener Form gegeben werden. Moderne Mehrnährstoffdünger (Volldünger) nehmen darauf Rücksicht.

Düngemittel und ihre Anwendung

Organische Dünger

Sie enthalten Bakterien in großer Zahl oder dienen Bakterien als Nahrungsgrundlage, werden von ihnen allmählich abgebaut und in ihre mineralischen Bestandteile zerlegt. Weil diese Umwandlung allmählich vor sich geht und sich über einen langen Zeitraum verteilt, ist eine Überdüngung kaum möglich. Die Nährstoffgehalte sind meistens nicht sehr hoch. Mitunter sind sie einseitig ausgerichtet, daher sollte man sich über die entsprechenden Produkte der Hersteller vorher gut informieren. Blutmehl, Hornmehl, Hornspäne, Mist und Torf, gut pulversierter oder flüssiger Vogelmist (Peru Guano) sind ebenfalls bekannte Handelsformen. Orchideen, Bromelien und andere Epiphyten sowie bei den Gemüsen Gurken und Paprika sind Kulturen, bei denen organische Düngemittel zu hervorragenden Ergebnissen führen.

Mineralische Volldünger

Sie enthalten alle wichtigen Nährstoffe und auch Spurenelemente. In Form von Nährsalzen angeboten, können sie in Wasser gelöst oder gekörnt auf den Boden gestreut und eingearbeitet werden. Flüssige Dünger erlauben eine besonders genaue Dosierung der Nährstoffe.

Langzeitdünger

Für das Kleingewächshaus haben auch die sogenannnten Langzeit- oder Depotdünger eine gewisse Bedeutung. Sie sind granuliert und den käuflichen Erden oft beigemischt. Ihre Nährsalze werden im Boden nicht sofort gelöst, sondern erst allmählich freigesetzt und, je nach dem Bedarf der Pflanze, erst über einen längeren Zeitraum hinweg aufgenommen (z. B. Osmocote, Nitrophoska permanent). Als Langzeitdünger kann man auch die in der Hydrokultur gebräuchlichen Dünger bezeichnen, die auf dem Prinzip des Ionenaustausches beruhen. Kleine braune Kunststoffkügelchen, lose oder in Platten gepreßt, enthalten genügend Nährstoffionen für mehrere Monate. Diese Düngerform ist für Topfpflanzen von einer gewissen Bedeutung, da keine Verbrennungen möglich sind. Für Gemüsekulturen spielt sie keine Rolle. Handelsformen sind z. B. »Lewatit« für Hydrokultur, »Lewaterr« für die Kultur in Erde. Wer über eine Tröpfchenbewässerung verfügt, kann über die gleiche Anlage meistens auch Flüssigdünger ausbringen, wobei eine vorher angesetzte konzentrierte Stammlösung verdünnt dem Wasser beigegeben wird. Wieviel an Nährstoffen Ihr Boden enthält, und wie der Säure- bzw. Kalkzustand ist, können Sie einfach und schnell auch selbst auf elektronischem Weg ermitteln. Preisgünstige Geräte sind im Handel erhältlich. Bewährt haben sich auch Test-Sets, die den Stickstoffgehalt der Substrate ermitteln.

Vorratsbehälter mit Dünger-Stammlösung für die Tröpfchenbewässerung.

Substrate und Erden

Pflanzen benötigen einen Stoff, in dem die Wurzeln ausreichend Halt finden und in dem in reichem Maße Nährstoffe, Wasser und Sauerstoff vorhanden sind. Sie gedeihen jedoch auch ohne Erde in anderen Materialien: in Torf oder Rindenkompost, in Wasser (Hydrokultur), in Steinwolle (einem Dämmstoff), in synthetisch erzeugten Kunststoffen oder in einer Mischung von allen. Die Gärtner lösen mit der Kultur in diesen künstlichen Substraten Probleme der Pflanzenhygiene, denn Bodenpilze, die sich weiter ausbreiten können und die die Pflanzen befallen, sind in ihnen nicht

Grundlagen der Gewächshauskultur

Tomaten gedeihen sehr gut in Säcken mit Fertigerde.

zu befürchten. Um Problemen der Bodenentseuchung aus dem Wege zu gehen, kann man Gemüse durchaus in Säcken mit fertigem Substrat oder in sog. Fertigerden kultivieren (z. B. Plantahum von Euflor oder TKS 2 oder Substrate aus Rindenhumus) und diese Beutel alljährlich durch neue ersetzen. Fertigerden gibt es für Aussaaten mit schwacher Nährstoffkonzentration, damit keine Verbrennungen auftreten können, oder mit stärkerer Konzentration zum Pikieren und Weiterkultivieren. Die meisten Pflanzen gedeihen mit gutem Erfolg in den sogenannten Fertigerden, sogar Kakteen. Orchideen und Bromelien, die epiphytisch wachsen, d. h. sich auf Bäumen oder Felsen festkrallen, erfordern jedoch ein völlig anderes Substrat, das ihren hohen Luftbedarf berücksichtigt. Z. B. 50% Sphagnummoos, 25% Styroporkugeln, 15% Kiefernrinde und 10% Merantiholz; letzteres scheint eine besonders positive Wirkung auf die Wurzelbildung auszulösen. Kompost besitzt einen hohen Humus-

gehalt und in unterschiedlicher Menge alle Nährstoffe, die die Pflanze benötigt. Wenn er unbehandelt als Aussaaterde verwendet wird, treten leicht sogenannte Umfallkrankheiten auf, d. h. die zarten Sämlinge werden sofort befallen. Dann ist höchste Eile geboten. Überbrausen mit einem Fungizid stoppt schnell den Befall. Sie können jedoch, wie der Gärtner auch, Kompost selbst sterilisieren. Das geht einfach: ein Metalltopf wird mit der vorgesehenen Erde gefüllt und im Backofen ca. 30 Minuten lang auf ca. 150 °C erhitzt. Danach ist der Kompost keimfrei, und auch die Unkrautsamen sind abgetötet. Wenn Sie diese Maßnahme nicht durchführen können, sollten Sie besser für Aussaaten eine spezielle Aussaaterde verwenden. Komposterde, vermischt mit Torf im Verhältnis 3 : 1, mit etwa 100 g Hornspänen, 100 g Knochenmehl und 50 g Blauvolldünger pro 10 l = 1 Eimer, eignet sich auch als preisgünstige Erde für Topfpflanzen.

So wichtig sind pH-Wert und Kalkgehalt: Bei gleichen Bedingungen kein Wachstum ohne Kalk (rechts).

Grundlagen der Gewächshauskultur

Der Boden

Den Boden Ihres Gewächshauses sollten Sie in optimalen Zustand versetzen, denn er muß besonders fruchtbar sein und ist besonderen Belastungen ausgesetzt. Über den jeweiligen Zustand informiert eine Bodenprobe, die Sie zumindestens am Anfang und auch später gelegentlich erstellen lassen sollten. Hierfür werden etwa 1 kg Erde aus verschiedenen Stellen des Beetes entnommen und dann an eine staatliche Untersuchungsanstalt oder ein privates Institut eingesandt.

Der ideale Gartenboden ist ein mittelschwerer, sandiger Lehm, krümelig, gut durchlüftet und mit guter Wasserhaltekraft, der gut strukturiert und reichlich mit Humus und Bakterienleben durchsetzt ist. Ein solcher Boden entsteht erst im Laufe der Zeit durch richtige Bearbeitung. In der Regel müssen unsere Böden verbessert werden, durch humose Komposterde, Rindenhumus, mit Nährstoffen und Bakterien angereicherte Humusprodukte und abgelagerten Stallmist.

Die Pflege des Bodens

Intensiv genutzter Gewächshausboden sollte alle 2 bis 3 Jahre ausgetauscht werden, damit sich keine Pflanzenkrankheiten, wie z. B. Gurkenwelke, ausbreiten können. Weil dieser Austausch mit sehr viel Arbeit verbunden ist und auch die neue Erde oftmals nicht im nötigen Umfang zur Verfügung steht, unterbleibt er häufig. Versalzungen im Boden lassen sich vermeiden, indem man entweder Langzeitdünger verwendet oder

durch einen Vorrat an organischen Düngemitteln, die jeweils rechtzeitig vor Beginn der Kulturen gegeben werden. Gurken, Melonen, Zucchini und Tomaten sprechen auf sie hervorragend an. Stark beansprucht wird durch die hohe Temperatur und intensive Kulturfolge auch die Bodenstruktur. Im Winter beugt man durch regelmäßige Gaben von Perlhumus (4 l/m^2) Steinmehl, Torfprodukten und Torfersatzstoffen wie Cultifibre, Kompost oder kompostierte und aufgedüngte Rinde dem Verfestigen und Verschlämmen vor. Keinesfalls normale Rinde oder Rindenmulch verwenden! Diese Stoffe setzen sich noch um und machen den Pflanzen in hohem Maße Nährstoffe streitig. Im Sommer sollte man mit Strohhäcksel, Rasenschnitt oder abgelagertem Mist mulchen.

Der Gewächshausboden muß in jedem Jahr mindestens einmal tief und gründlich gelockert werden.

Pflanzenhygiene

Pilzliche oder bakterielle Erkrankungen werden nicht selten durch unsauberes Arbeiten, durch verseuchte Erde und durch nicht desinfizierte Töpfe, Kisten usw. übertragen. Da der komplette Austausch der Pflanzsubstrate oft auf Schwierigkeiten stößt, kann man durch entsprechende Hygiene bereits einiges erreichen. Insbesondere gebrauchte Töpfe, Kisten und Werkzeug sollten durch einfaches Tauchen in Desinfektionsmitteln, wie z. B. Lysol (500 ml pro 10 l Wasser) oder Dimanin A (50 ml pro 10 l Wasser) entseucht werden. Gewächshausteile oder Kisten aus Holz behandeln Sie am besten mit dem wasserlöslichen Dimanin. Dieses Mittel ist pflanzenfreundlich.

Einmal jährlich sollten auch die Glasscheiben, Tische und tragende Elemente der Konstruktion mit den genannten Desinfektionsmitteln abgewaschen werden.

Die Bodenentseuchung

Häufig ist nach mehrjährigem Gemüseanbau der Boden mit Krankheitserregern, besonders Pilzen, verseucht. Da chemische Bodenentseuchungsmittel für den Hobbygärtner nicht in Frage kommen, gibt es nur einen mühsamen Weg: Man muß die oberste Bodenschicht austauschen. Den abgetragenen Boden lagert man am besten im Freien unter Büschen oder Stauden, wo die Erreger kaum Schaden anrichten. Man kann die verseuchte Erde auch zum Abfall geben. Einfacher ist es, die Kulturen in mit Substrat gefüllten Plastiksäcken zu ziehen. Diese lassen sich bei Bedarf leicht auswechseln (s. S. 26).

Bodenpilze und Krankheiten erfordern Austausch der Erde.

Schädlinge und Krankheiten

Auch die von uns gehegten Pflanzen sind ständigen Angriffen von Pilzen, Bakterien und Schädlingen ausgesetzt. Natürliche Feinde können im Kleingewächshaus selten zur Hilfe kommen. Trotz aller guten Pflege leben die Pflanzen häufig nicht unter optimalen Verhältnissen, so daß sowohl die Kultur- als auch die Pflegebedingungen für einige der anschließend beschriebenen Übel verantwortlich sind. Einige Vorbeugungsmaßnahmen, die Sie auf jeden Fall ergreifen sollten:

- Wählen Sie Pflanzen möglichst so aus, daß sie in die gegebenen Verhältnisse passen.
- Keimfreie Erden verwenden und auf deren gute, vergießfeste Struktur achten.
- Dem Bedarf der Pflanzen angepaßt düngen und gießen, damit kein Mangel auftritt.
- Für ein ideales Kleinklima mit hoher Luftfeuchtigkeit sorgen, damit das Wachstum der Pflanzen nicht ins Stocken gerät. Für ausreichende Lüftung und Luftumwälzung sorgen. Dabei Zugluft vermeiden.
- Die Blätter nicht unnötig benetzen und vor allem während des Morgens gießen, damit die Pflanzen über Nacht wieder abgetrocknet sind und Pilzsporen nicht auskeimen können. Nicht von oben in Blattscheiden, Knospen oder junge Triebe gießen, sie würden anschließend faulen.
- Widerstandsfähige Sorten verwenden.
- Empfindliche Pflanzenarten, die sich zum Krankheitsherd entwickeln können, möglichst vermeiden.

Grundlagen der Gewächshauskultur

Auf diese Weise sind bereits viele negative Einflüsse ausgeschaltet. Dennoch, irgendwann werden auch Sie nicht umhinkommen, ein Pflanzenschutzmittel anzuwenden. Hierbei gibt es die Wahl zwischen Pflanzenschutzmitteln chemischer Herkunft, deren Giftigkeit für Mensch und Tier im Gegensatz zu früheren Jahren weitaus geringer geworden ist und von den staatlichen Behörden strengstens überwacht wird. Viele, früher verwendete Mittel sind heute deshalb nicht mehr anerkannt. Andere wurden neu entwickelt. Sie sind soweit möglich ungefährlich und in der Praxis bereits mit sehr gutem Erfolg geprüft und angewendet worden.

Daneben gibt es Pflanzenschutzmittel der alternativen (biologischen) Richtung aus natürlichen Stoffen, die in der Tabelle mit einem (A) ausgewiesen sind. Sie sind für Menschen und Haustiere nach heutigem Wissensstand ungefährlich, für den Schädling jedoch von mehr oder weniger durchschlagender Wirkung. Auch für sie gilt, daß man gezielt gegen einen Schädling vorgehen und keine Spritzungen »quer durch den Garten« vornehmen sollte.

Mittel mit geringer Giftigkeit (kenntlich an der Giftabteilung III oder fehlendem Vermerk) sind zu bevorzugen. Wenn möglich, sollten Sie zu Gieß- oder Räuchermitteln greifen, anstatt zu spritzen. Die Anwendung ist sehr viel einfacher, und die Bekämpfung kann gezielt vorgenommen werden. Die nachfolgende Tabelle berücksichtigt aus Platzgründen nur die wichtigsten Krankheiten und Schädlinge. Notfalls müssen Sie zu Spezialliteratur greifen oder Ihr zuständiges Pflanzenschutzamt um Rat fragen.

Pflanzenschutz ohne Giftspritze (von links): Snup-Insektenlockstab gegen Weiße Fliege; Pyrethrum-Räucherspirale und Insekten-Strip (Bernhards); Spray und Gießmittel gegen Pilze und Insekten.

Schildläuse gehören zu den hartnäckigsten Schädlingen (hier an Wein).

Grundlagen der Gewächshauskultur

Schädlinge und Krankheiten – *Beachten Sie bitte auf jeden Fall die Angaben*

Bezeichnung	kommt vor an	Schadbild
Blattläuse	fast allen Nutz- und Zierpflanzen	feine, helle Saugstellen, verkrüppelter Wuchs
Gemüsefliegen	Chinakohl, Kohlrabi, Rettich, Radies, Möhren	Fraßgänge, später dann Maden
Spinnmilben (Rote Spinne)	Gurken, Tomaten, Paprika, den meisten Zierpflanzen	blattoberseits helle, später braune Saugstellen; blattunterseits mehlartiges Gespinst
Weiße Fliege (Mottenschildläuse)	Gurken, Paprika, Auberginen, Gerbera, Levkojen, Oleander, *Abutilon* u. a.	blattoberseits punktförmige Saugstellen, blattunterseits zahlreiche winzig kleine Falter
Schildläuse	Citrusgewächsen, Anthurien, Orchideen, *Abutilon*, Palmen, Farne, *Ficus*-Arten u.a.	zahlreiche Saugstellen an Blättern und Stielen, Ausscheidungen von Sekret, auf dem sich Rußtau ansiedelt.
Wolläuse	Kakteen, Sukkulenten, Orchideen	wachsartige Kolonien der Schädlinge in Blattachseln.
Kellerasseln	verfaulender Pflanzenmasse, Orchideen, Zwiebeln, Knollen	Fraßschäden an Wurzelspitzen, jungen Trieben, Blättern, Knospen
Schnecken	Salatarten, Gurken, Orchideen, Lilien	Fraßschäden an allen oberirdischen Pflanzenteilen
Auflaufkrankheiten, Umfallkrankheiten, Schwarzbeinigkeit	im Aussaatbeet an fast allen Sämlingen	hell-dunkelbraune Stellen an den Stielen der Sämlinge, Umfallen
Branntflecken, Samtflecken *(Cladosporium)*	Tomaten	weiche, mittelbraune Flecken auf Blättern und Früchten
Grauschimmel *(Botrytis)*	fast allen Kulturpflanzen, besonders an Erdbeeren, Wein	fahlgrauer Pilzrasen auf Stengeln und Blättern und Früchten
Herzfäule *(Sclerotinia)*	Salatarten	Pflanzen welken, Wurzeln und Blätter faulen am Stengelgrund
Gurkenwelke	Gurken, Melonen	Pflanzen welken
Echter Mehltau	Gurken, Salate, Begonien, Usambaraveilchen, Rosen	Mehlartiger Belag blattoberseits
Falscher Mehltau	Gurken, Feldsalat, Kopfsalat, Levkojen, Rosen, Wein	hellgrauer Pilzrasen auf der Blattunterseite

Grundlagen der Gewächshauskultur

rsteller, Überdosierung vermeiden!

Bekämpfungsmaßnahmen

Bei geringem Befall abspritzen mit Wasserstrahl oder Einsatz von Marienkäfern, Florfliegen und Gallmücken.

Treten erst ab Mai und nur bis September auf. Für Luftbewegung sorgen. Granulat streuen: Bio-Gemüse-Streumittel. Spritzen mit Neudosan. Kulturschutznetze einsetzen.

Luftfeuchte erhöhen, mehrfach im Ein-Wochen-Abstand spritzen mit Neudosan, Raubmilben einsetzen. Mehrfach spritzen mit Schwefelmitteln. Schädlingsfrei Naturen.

Zuflug begrenzen mit leimbestrichenen gelben Tafeln oder Snup-Insektenlockstäbchen, mehrfach im Ein-Wochen-Abstand spritzen mit Neudosan oder Einsatz von Schlupfwespen.

Bei geringem Befall die Tiere mit Schwamm und Seifenlauge abwischen. Sonst wiederholt spritzen mit Elefantenöl oder Para-Sommeröl, Schädlingsfrei Naturen.

wie Schildläuse

Ködern durch ausgelegte Kartoffelscheiben (häufig kontrollieren!). Hygienemaßnahmen.

Ködern durch Kartoffelscheiben, Bier. Anlocken mit Limagard. Pflanzen durch Schneckenzäune schützen.

nur keimfreie Anzuchterde verwenden, für Licht und Luft sorgen, Samen beizen oder gießen mit einem zugelassenen keimtötenden Mittel.

resistente Sorten verwenden, gut lüften, Luftfeuchte senken.

Schwächeparasit, Pflanzen abhärten, Kulturbedingungen verbessern, Luftfeuchte senken, spritzen mit zugelassenen Pilzbekämpfungsmitteln.

Salat nicht zu tief pflanzen, Tröpfchenbewässerung einsetzen, anstatt zu gießen lüften, auf Frucht- und Erdwechsel achten. Gießen mit zugelassenen Pilzbekämpfungsmitteln.

Kernursache sind Bodenpilze, die schwer bekämpfbar sind. Pflanzen vorbeugend veredeln oder Erde austauschen, auf hohe Bodentemperatur achten.

Resistente Sorten verwenden. Temperatur und Lüftung erhöhen, wiederholt spritzen mit Schwefelmitteln, zugelassenen Pilzbekämpfungsmitteln, Artanax, Milsana.

Resistente Sorten verwenden, Luftfeuchte senken, spritzen mit zugelassenen Pilzbekämpfungsmitteln, Artanax.

Grundlagen der Gewächshauskultur

Biologische Schädlingsbekämpfung im Gewächshaus

Zwei der wichtigsten Schädlinge im Gewächshaus können auch auf biologische Art bekämpft werden. Ganz unproblematisch ist ihr Einsatz allerdings nicht, insbesondere wenn gleichzeitig mehrere Schädlinge auftreten, z. B. Spinnmilben und Schildläuse. Die Anwendung setzt also besondere Erfahrungen und viel Wissen voraus. Sie muß rechtzeitig erfolgen, damit nicht die Schädlinge bereits überhand genommen haben. Andererseits müssen bereits Schädlinge vorhanden sein, damit die Raubmilben *(Phytosaiolus persimilis)* Spinnmilben vorfinden, auf denen sie parasitieren können, bzw. die Schlupfwespe *(Encarsia formosa)* eine entsprechende Anzahl von Weißen Fliegen. Auf dem Versandweg können Sie diese Nützlinge und zunehmend auch andere Arten (z. B. Marienkäfer gegen Blattläuse, Florfliegen *(Chrysopa carnea)* gegen Blattläuse, Raubmilben *(Amblyseius cucumeris)* gegen Thripse) erwerben.

Schlupfwespen parasitieren eine Raupe.

Weiße Fliege (stark vergrößert) schädigt viele Gemüse- und Zierpflanzen.

Schlupfwespen gegen Weiße Fliege
Die Schlupfwespe *(Encarsia formosa)* legt ihre Eier in die älteren Larven der Weißen Fliege ab. Ihre Larven ernähren sich von dem Schädling und bringen ihn zum Absterben. Sehr schnell schlüpfen wieder neue Schlupfwespen, die ihrerseits von neuem auf Weißen Fliegen-Larven parasitieren. Den Erfolg der Schlupfwespenarbeit kann man bereits 8 bis 10 Tage nach der Belegung anhand von schwarz gefärbten Schädlings-Larven erkennen.

Im Gewächshaus aufgehängte, mit Leim bestrichene gelbe Tafeln oder Insektenstäbchen haben sich als vorbeugende Maßnahme gegen zufliegende Insekten bewährt und können einen leichten Befall eindämmen. Andere Schlupfwespen parasitieren ebenfalls Kohlweißlingsraupen und Blattläuse.

Grundlagen der Gewächshauskultur

Raubmilben gegen Spinnmilben

Die Raubmilben sind mit Spinnmilben sehr nahe verwandt, parasitieren sie jedoch und saugen sie aus (pro Raubmilbe täglich 5 Spinnmilben oder 20 Jungtiere). Bereits nach 1 bis 2 Wochen wird der Bekämpfungserfolg sichtbar. Je nach Stärke des bereits eingetretenen Spinnmilbenbefalls genügen 1 oder 2 Behandlungen mit Raubmilben. Sind die Nützlinge einmal vorhanden, kann man auch versuchen, sie selbst auf befallenem Pflanzenmaterial weiter zu erhalten. Wer Raubmilben einsetzt, darf nicht gleichzeitig den Gurkenmehltau mit Mitteln, wie z. B. Kelthane, bekämpfen wollen, weil sich dieses Präparat gleichzeitig gegen beide Arten richtet.

Typische Schäden durch Spinnmilben (Rote Spinne) an Gurken. Im Hintergrund gesunde Pflanzen.

Florfliegen gegen Blattläuse

Die zartgrünen Florfliegen *(Chrysopa carnea)* leben zwar als Vegetarier auf Doldenblütlern, ihre Larven, auch Blattauslöwen genannt, sind jedoch äußerst aktive Blattlausfresser. Bis zur Wandlung zum Vollinsekt haben sie mehrere hundert Blattläuse verzehrt. Im Versand erhältliche Eier schlüpfen sehr bald und sollten schon Nahrung vorfinden. Wichtig sind Temperaturen über 18 Grad.

Nematoden gegen Dickmaulrüßler

Die parasitisch lebende Nematoden-Gattung *Heterorhabditis* hat sich auf die Larven des Dickmaulrüßlers spezialisiert, die sie nach Ausbringung mit Gießwasser selbst über einige Entfernung hinweg im Boden zu finden wissen. Die aalähnlichen Nematoden dringen durch Haut oder Körperöffnungen ein, geben ein Bakterium ab, das innerhalb von wenigen Tagen zum Tod des Schädlings führt.

Dickmaulrüßler zählen zu den schlimmsten Schädlingen im Freien (Kerbfraß besonders an Rhododendron und Stauden), in Balkonkästen und im Gewächshaus (an Blattpflanzen und Orchideen). Wichtig: Die Temperatur muß über 13 Grad liegen.

Nematoden gegen Trauermücken

Nematoden der Gattung *Steinernema bibionis* können im Wintergarten und Gewächshaus die glasig-weißen Larven der Trauermücken parasitieren. Wie beim Dickmaulrüßler vermehren sich in ihrem Körper zunächst Bakterien, bringen die Larven zum Absterben und werden dann selbst von den Nematoden verzehrt. Die wurmähnlichen Larven der kleinen schwärzlichgrauen Trauermücken fressen an Wurzeln, Knollen und Keimblättern.

Alle genannten Nützlinge sind auf dem Versandwege erhältlich (s. S. 125).

Die Anzucht von Jungpflanzen

Aussaat

Viele Pflanzen lassen sich am besten
über Samen vermehren (= genera-
tiv). Heute werden in den Samenfach-
handlungen und im Versandhandel
weitaus mehr Sorten und Arten von
Gemüse, aber auch von 1- und 2jähri-
gen Sommerblumen, als noch vor 10
bis 15 Jahren angeboten. Daneben
gibt es eine erstaunliche Anzahl von
exotischen Blatt- und Blütenpflanzen,
die sich aus Samen heranziehen lassen. Es lohnt sich auf jeden Fall, nicht
nach dem billigsten Saatgut und dem
reichlichsten Tüteninhalt zu greifen,
sondern auf Qualität zu achten und
neue fortschrittliche Sorten mit Resistenzen und verbesserter Ertrags-
und Blühleistung auszuwählen. Neben
herkömmlichen Züchtungen werden
verstärkt Produkte eines neueren
Zuchtverfahrens angeboten, die sogenannten »F_1-Hybriden«. Solches Saatgut stellt die erste Nachkommen-
schaft nach der Kreuzung zweier
Elternlinien dar und vereinigt die posi-
tiven Eigenschaften beider in sich.
Diese Hybride in der ersten »Filial«-
Generation ist in ihren Eigenschaften
völlig einheitlich und in der Regel den
zur Kreuzung verwendeten Eltern
überlegen.
Saatgut kann durchaus mit anhaften-
den Krankheitskeimen befallen sein,
die sich bei entsprechend günstigen
Bedingungen schnell ausbreiten und
auf die jungen Pflanzen übergreifen
können. Insofern ist auch die Saatgut
beizung, die in der Regel jeder selbst

So wird ausgesät: Auf geeignetem Substrat
den Samen dünn verteilen, andrücken und mit
Substrat dünn abdecken. Danach sorgfältig
angießen und nicht mehr austrocknen lassen.

Die Anzucht von Jungpflanzen

durchführen muß, nicht negativ zu sehen, vielmehr als eine vorbeugende Maßnahme. Hierfür gibt es biologische Präparate aufgrund der gesundenden Wirkung von Zwiebel, Brennessel, Schafgarbe und anderen Wildkräutern oder auch mit zugelassenen Beizmitteln, die gegen Pilzkrankheiten oder gegen Insekten wirken. Die Beizung an sich ist einfach im sogenannten »Überschußverfahren«. Das Saatgut und das Beizmittel gibt man in ein Sieb, vermischt beides gut und siebt das Beizmittel zur Wiederverwendung ab.

Die Aussaat direkt in Töpfchen spart das spätere Pikieren und Umtopfen.

Einige generelle Regeln zur Aussaat:
- Möglichst frisches Saatgut oder solches mit Haltbarkeitsgarantie verwenden.
- Keimschutzpackungen schon bald nach dem Öffnen verbrauchen.
- Den Samen vor allem an einem trockenen und nicht zu warmen Platz lagern. Die Laube ist, insbesondere den Winter über, nicht als Aufbewahrungsort geeignet!
- Genau die Angaben auf der Samenpackung beachten, insbesondere die Temperatur ist sehr wichtig und erlaubt keine Kompromisse.
- Bitte beachten Sie auch, ob die entsprechende Sorte als geeignet für das Freiland, das Gewächshaus oder für eine universelle Verwendung bezeichnet wird.
- Beachten Sie auch die richtige Aussaatzeit (z. B. wird ein Chinakohl, der im Frühjahr ausgesät wird anstatt im Hochsommer, generell schießen, anstatt Köpfe zu bilden).
- Viele tropische Samen keimen besser, wenn man sie 1 bis 2 Tage vorquillt und hartschalige Samen anritzt oder anfeilt (mit Sandpapier).

- Nicht zu tief aussäen, generell nicht tiefer als 3–4mal die Höhe des Samendurchmessers.
- Hinweise auf Licht- und Dunkelkeimer beachten.
- Immer eine sterile, keimfreie und nur sehr schwach gedüngte Erde verwenden. Spezielle Aussaaterden verwenden oder Kompost selbst sterilisieren (s. S. 26).
- Das Aussaatgefäß feucht halten und unbedingt vor Austrocknen schützen. Sehr bewährt hat sich, das Aussaatgefäß mit einer Folie abzudecken oder es in einen Plastikbeutel zu stecken und diesen zuzubinden. Sofort nach dem Aufgang die Abdeckung lockern, damit Luft heran kann. Außerdem die Pflanzen

Die Anzucht von Jungpflanzen

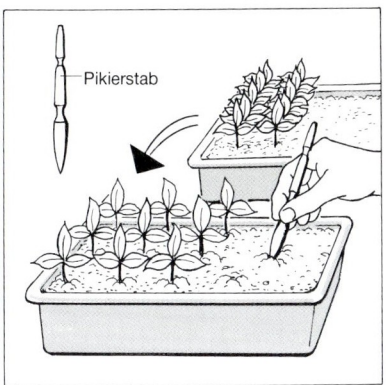

Das Pikieren kräftigt die Sämlinge.

Eierschachteln ergeben gute Aussaatgefäße.
Der pillierte Samen erleichtert die Einzelsaat.

hell stellen, aber nicht direkt dem
Sonnenlicht aussetzen.
- Schon bald für verbesserten Abstand sorgen. Die Pflänzchen, sobald sie gut faßbar sind, umsetzen (pikieren). Dabei genügend Abstand vorsehen und bereits eine etwas stärker gedüngte Erde verwenden.
- Pflanzen vor dem Auspflanzen abhärten, was Sie leicht durch eine entsprechende Luftzufuhr erreichen können.

Vermehrung von Pflanzen durch Stecklinge

Neben der Pflanzenvermehrung durch Samen gibt es auch die Möglichkeit, Pflanzenteile durch geeignete Maßnahmen abzutrennen und zur Wurzelbildung zu veranlassen (vegetative Vermehrung). Eine neue Pflanze mit genau denselben Eigenschaften wie die alte entsteht daraus. Hierfür sind, je nach Art unterschiedlich, verschiedene Pflanzenteile geeignet. In der

Kunststoffkügelchen (Styropor) oder gröberer Kies fördern die Dränage und damit die Keimung bei feinen Samen (z. B. Kakteen, Petunien).

Die Anzucht von Jungpflanzen

Hauptsache Triebspitzen von End- und Seitentrieben, die 3–4 Blätter besitzen und noch nicht hart oder verholzt sind, also aus noch wüchsigem Gewebe bestehen. Die Trennung mit einem scharfen Messer wird dicht unter einem Blattansatz durchgeführt, weil die Pflanze an dieser Stelle Nährstoffe gespeichert hat, die dem weiteren Wachstum zugute kommen. Aber auch das Absenken von Seitentrieben, das Bewurzeln von Ausläufern und das Regenerieren von Blättern mit Stiel (Blattstecking), z. B. beim Usambaraveilchen, gehören dazu. Auch das Bewurzeln von Blättern, die durch Einschnitte an Gabelungen der Blattadern zu neuem Wachstum angeregt werden (z. B. Begonien) oder das Abmoosen schon verholzter Pflanzenteile (z. B. *Ficus*-Arten) sind bekannte Vermehrungsarten. Die Regenerationsfähigkeit von Pflanzen geht so weit, daß sogar Zellhäufchen aus dem ständig sich teilenden Wachstums-(Meristem-)gewebe an der Triebspitze, aus Wurzelspitzen, Blattstielen, Teilen der Blattspreite oder sogar aus dem Pollen neue Pflanzen ergeben. So erzeugte virusfreie Stecklinge von Pelargonien, Chrysanthemen und Nelken z. B. sind seit vielen Jahren im Handel. Preisgünstige Orchideen in gleichbleibender Qualität und seltene, schwierig zu vermehrende Stauden, sowie Rosen ohne Veredelung sind Beispiele für Pflanzen aus »Meristemkultur« (andere Bezeichnungen: Sterilkultur/In-Vitrokultur).

Allen Jungpflanzen ist gemeinsam, daß die Wurzelbildung unter sauberen und optimalen Bedingungen erfolgen muß. Während einige Zierpflanzen wie z. B. die Dreimasterblume *(Tradescantia)*, das Fleißige Lieschen *(Impa-tiens)*, Begonien, die Buntnessel *(Coleus)* und die Efeutute *(Epipremnum)* bereits innerhalb weniger Wochen in einem Glas Wasser bewurzeln und dann eingetopft werden können, sind die meisten anderen Arten anspruchsvoller. Der Schnitt muß mit einem sehr scharfen Messer durchgeführt werden. Danach sollte die Schnittstelle etwas antrocknen (1 bis 2 Stunden), um Infektionen vorzubeugen. In der Zwischenzeit stellen Sie ein Torf-Sand-Gemisch im Verhältnis 1:1 oder 1:2 her, füllen es in eine Schale oder in einen Topf und drücken es fest an. In dieses feuchte Gemisch werden nun die Stecklinge dicht an dicht gesteckt und fest angedrückt. Danach wird kräftig angegossen. In der Folgezeit sollen die Stecklinge stets gespannte Luft, d. h. eine hohe Luftfeuchtigkeit genießen, was Sie am besten durch Abdecken mit einer Glasplatte oder noch besser mit einer Folie erreichen können. Insbesondere die im Haushalt gerne verwendete Schrumpffolie hat sich sowohl für Aussaaten als auch für die Stecklingsvermehrung bestens bewährt. Sie ist wasserdampfundurchlässig, so daß ein damit eingeschlagenes Gefäß bis zur Wurzelbildung innerhalb von 4 bis 6 Wochen keiner weiteren Pflege bedarf. Stellen Sie das Gefäß genügend warm und hell auf, aber nicht dem direkten Sonnenlicht ausgesetzt. Eine Heizplatte (s. S. 21) mit Niedervoltspannung liefert eine schwache Wärme, die den Stecklingen gut bekommt. Bei vielen Pflanzenarten hat es sich bewährt, die Schnittstellen in ein Hormonpuder, z. B. »Wurzelfix« oder »Bio-Wurzel-Wunder« zu stupfen und damit die Kallus- und Wurzelbildung zu beschleunigen.

Das Teilen

Pflanzen, die dazu neigen, nicht mit
einem einzigen Haupttrieb, sondern
mit mehreren Trieben aus dem Boden
zu wachsen, lassen sich in der Regel
auch gut durch Teilung vermehren.
Hierfür sind die Monate Februar bis
April am besten geeignet. Mit ein wenig Gefühl hat man bald herausgefun-
den, an welcher Stelle sich ein Teil der
Pflanze durch kräftiges Ziehen oder
Schneiden abtrennen läßt. Die neue
Teilpflanze muß jedoch genügend
Wurzeln besitzen, um zügig weiterwachsen zu können.

Bromelien neigen dazu, weniger oder
mehr Seitensprosse zu bilden, sogenannte Kindel, die bald nach dem Ab-
blühen dicht oberhalb der Wurzeln der
alten Pflanze entstehen. Die alte
Pflanze übernimmt noch geraume Zeit
ihre Ernährung. Nach etwa $\frac{1}{2}$ bis $1\frac{1}{2}$
Jahren sind sie so weit entwickelt, daß
man sie mit einer Schere oder mit
einem scharfen Messer abtrennen
und in kleinen Töpfen zur selbsttäti-
gen Wurzelbildung anregen kann.

Oben: Das Abmoosen ist eine bei verholzen-
den Pflanzen bewährte Methode. Ein Ein-
schnitt im Stiel regt die Wurzelbildung an;
feuchtes Moos wirkt zusätzlich fördernd.

Mitte: Stecklinge (z. B. von Pelargonien) benötigen besonders hohe Luftfeuchte. Ein käufli-
ches »Zimmer-Gewächshaus« leistet gute
Dienste.

Unten: Dem gleichen Zweck dient dieses
selbstgebaute Vermehrungsbeet. Folie, die
von Drahtbügeln gehalten wird, eine Pikierschale und eine evtl. darunter gelegte Wärmeplatte sorgen für ideale Verhältnisse.

Gemüsekulturen
im Gewächshaus

Während die Beschäftigung mit Zierpflanzen in der Hauptsache der Freude dient und die wirtschaftlichen Aspekte nur selten eine bedeutende Rolle spielen, erfolgt der Anbau von Früh- und Feingemüse unter Glas im allgemeinen auch unter dem Gesichtspunkt, Geld für sonst fällige Einkäufe zu sparen. Angesichts der heute üblichen Umweltverschmutzung ist es auch nicht unerheblich, zu wissen, welche Methoden bei der Kultur angewendet wurden, welche Dünger und welche Pflanzenschutzmittel Verwendung fanden. Der Gemüseanbau kann durchaus mit sehr geringen Kosten ohne Heizung oder nur mit geringer Zusatzheizung betrieben werden

und trotzdem beachtlichen Nutzen erbringen. Dabei muß es durchaus nicht Gemüse in Reinkultur sein, mit dem Ihr Kleingewächshaus genutzt wird. Kombinationen mit Blumen, z. B. mit Sommerblumenanzucht im Frühjahr, Rosen und Lilien im Sommer oder auch Tomaten und Chrysanthemen im Herbst, sind durchaus möglich. Ein entsprechender Vorschlag folgt auf Seite 45.

Diese Tabelle veranschaulicht zunächst einmal aus Gründen der Übersichtlichkeit nur die verschiedenen Möglichkeiten einer **ganzjährigen Nutzung in einem ungeheizten Gewächshaus** (Glas- oder Folienhaus). Eine provisorische Zusatzheizung (s. S. 12) für die Übergangsmonate März/April und Oktober/November eröffnet zusätzliche Möglichkeiten.

Gemüse und Blumen kombiniert erlauben eine vielseitige Nutzung.

Gewächshausnutzung

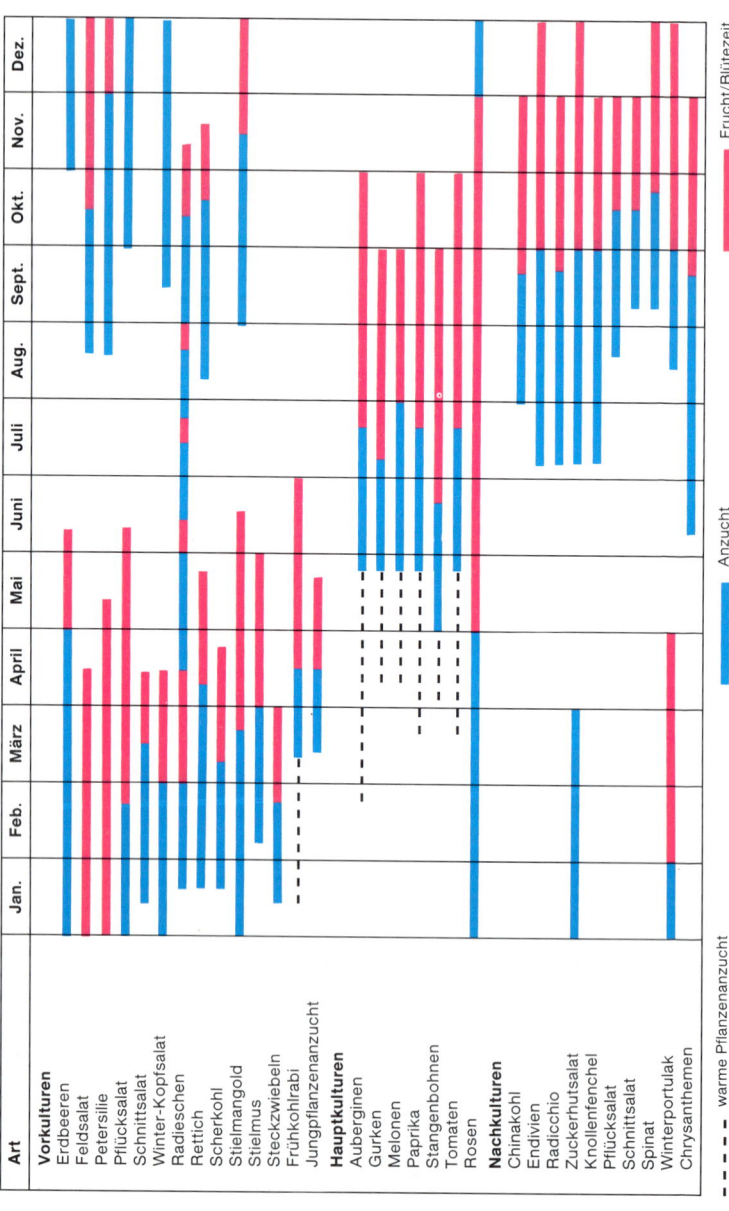

Kulturfolge für ein frostfrei gehaltenes Kalthaus (Wintertemperatur 8–12 °C)

Schwach beheizte Gewächshäuser, die gegen Frost gesichert sind, bieten nicht nur ideale Möglichkeiten zum Überwintern von Kübelpflanzen, sondern auch zum Kultivieren und Verfrühen einiger Wintergemüse. Bitte beachten Sie jedoch, daß bei den aufgeführten Vorschlägen infolge des begrenzten Lichtangebotes während der Wintermonate im allgemeinen keine höheren Temperaturen vertragen werden, so daß das Gewächshaus bereits ab 12–14 °C einer Lüftung bedarf.

Kombinierte Nutzung eines temperierten Hauses

Sofern die nötigen Temperaturen vorhanden sind und der nötige Platz zur Verfügung steht, können Sie sich auch den Luxus einer Gurken-, Tomaten- oder gar Melonenkultur während der Wintermonate leisten. Die nachfolgende Tabelle zeigt einige Möglichkeiten, wobei nur solche Gemüsearten berücksichtigt sind, die auch bei begrenztem Lichtangebot die bessere Versorgung mit Wärme nicht übelnehmen. Eine Zusatzbelichtung ist wünschenswert, jedoch nicht unbedingt erforderlich.

Mischkultur, geeignet für ein unbeheiztes oder frostfrei gehaltenes Kalthaus: Radieschen (Sorte 'French Breakfast'), Stielmangold und Pflücksalat. Aufnahme Anfang Mai.

Ganzjährige Nutzung in einem frostfrei gehaltenen Kalthaus (Blumen und Gemüse)

Art	Jan.	Febr.	März	April	Mai	Juni	Juli	Aug.	Sept.	Okt.	Nov.	Dez.
Überwinterung von Balkon- und Kübelpflanzen												
Jungpflanzenanzucht												
Stecklingsvermehrung												
Alpenveilchen												
Cinerarien												
Pantoffelblumen												
Primel-Arten												
Prärie-Enzian												
Levkojen												
Frühkartoffeln												
Gurken, früh												
Gurken, spät												
Kopfsalat, Winter												
Radieschen, Winter												
Spät-Kohlrabi												
Stangenbohnen, früh												
Tomaten												
Sonstige Gemüsearten wie in Tabelle Seite 42												
Feigen												
Kiwi												
Passionsfrucht												
Tomatenbaum												
Wein												
Zitrusfrüchte												

Anzucht Frucht/Blütezeit

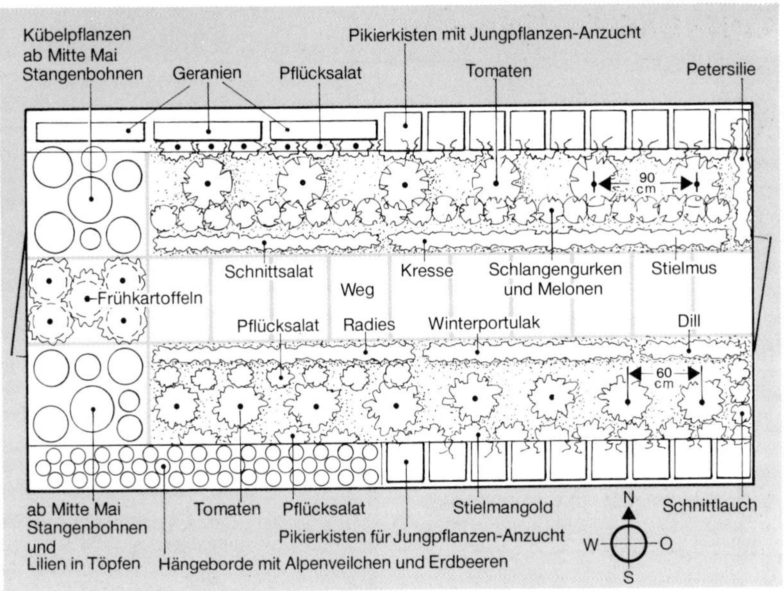

Oben: Mischkultur in einem frostfrei gehaltenen Kalthaus 6,50 × 3,25 m

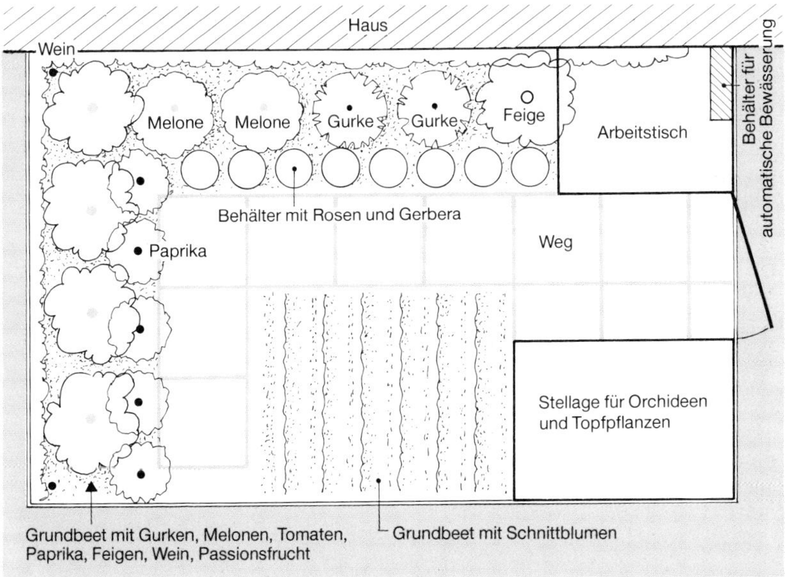

Kübelpflanzen ab Mitte Mai Stangenbohnen · Geranien · Pflücksalat · Pikierkisten mit Jungpflanzen-Anzucht · Tomaten · Petersilie

90 cm

Schnittsalat · Weg · Kresse · Schlangengurken und Melonen · Stielmus

Frühkartoffeln · Pflücksalat · Radies · Winterportulak · Dill

60 cm

ab Mitte Mai Stangenbohnen und Lilien in Töpfen · Tomaten · Pflücksalat · Pikierkisten für Jungpflanzen-Anzucht · Hängeborde mit Alpenveilchen und Erdbeeren · Stielmangold · Schnittlauch

N · W–O · S

Haus

Wein

Melone · Melone · Gurke · Gurke · Feige

Arbeitstisch

Behälter für automatische Bewässerung

Behälter mit Rosen und Gerbera

Weg

Paprika

Stellage für Orchideen und Topfpflanzen

Grundbeet mit Gurken, Melonen, Tomaten, Paprika, Feigen, Wein, Passionsfrucht · Grundbeet mit Schnittblumen

Kombinierte Nutzung (Gemüse, Blumen, Obst) in einem temperierten Anlehnhaus 4 × 2,50 m

45

Gemüse unter Glas

Kulturbeschreibungen

Die Gemüsekulturen beanspruchen den Platz im Gewächshaus unterschiedlich lange. Einige von ihnen den ganzen Sommer lang, wie z. B. Auberginen, Gurken, Melonen, Paprika, Stangenbohnen und Tomaten. Diesen **Hauptkulturen** können andere vorweg- oder nachgestellt oder gleitend zugeordnet werden. Als solche **Ergänzungskulturen** können gelten: Chinakohl, Fenchel, Feldsalat, Kohlrabi, Frühkartoffeln, Mangold, Radieschen, Rettich, Kopfsalat, Pflücksalat, Endiviensalat, Spinat, Zwiebeln und Kräuter.

Auberginen (Eierfrucht), *Solanum melongena*

Aussaat   Ende Februar bis April
Keimdauer   8 bis 15 Tage bei 20–25 °C
Erntezeit   August bis Oktober
Mögliche Begleitkulturen   Tomaten, Stangenbohnen
Erntemenge   5–25 Früchte pro Pflanze, je nach Sorte
Kulturbeschreibung   Die Aubergine gehört zur gleichen Familie wie die Tomate, der sie in Kultur und Ansprüchen ähnelt. Sie ist jedoch noch etwas wärmebedürftiger. Die Pflanze liebt lockeren, humusreichen, nährstoffreichen Boden und bevorzugt ein trockeneres Klima mit geringer Luftfeuchtigkeit. Eine Kultur zusammen mit Gurken ist daher nicht günstig. Der Ansatz der glatten, dunkellila gefärbten Früchte kann bei zu hoher Luftfeuchtigkeit Schwierigkeiten verursachen. Wie die Tomate ist die Aubergine ein Selbstbestäuber, d. h. die

Auberginen, mehrtriebig in einem Container kultiviert.

attraktiven, dunkellila Blüten müssen hin und wieder in der Tagesmitte geschüttelt werden, damit der Pollen auf die Narbe gelangt. Notfalls können Sie auch mit einem Pinsel nachhelfen. Anzucht und Kultur gleichen in allem der Tomate. Auch bei der Aubergine entstehen Seitentriebe, die bis auf 3 ausgebrochen werden sollten. Die Pflanze wächst wesentlich kompakter, wird insgesamt maximal 1 m hoch. Dennoch ist es nicht verkehrt, die Triebe an Schnüren aufzuleiten und damit der Pflanze Halt zu geben. Ein günstiger Pflanzenabstand ist 60 × 60 cm. 4 bis 5 Wochen nach der Pflanzung wird wöchentlich mit 2 g/l Volldünger nachgedüngt. Die richtige Pflanzzeit ist Ende Mai. Die Früchte sind vollständig ausgewachsen, wenn sie den typischen Fettglanz bekommen, dann ist auch der Geschmack am besten. Die Ernte kann jedoch ohne Probleme auch früher erfolgen.

Schädlinge und Krankheiten Auberginen müssen konsequent vor fressenden und saugenden Insekten beschützt werden. Insbesondere Kartoffelkäfer, Weiße Fliege und Läuse sind häufig daran anzutreffen.

Zu hohe Luftfeuchtigkeit ruft *Botrytis* hervor.

Sorten 'Sperlings Blacky' (lang, oval), 'Lange Violette' (keulenförmig), 'Royal Knight F_1-Hybride' (oval, rund). Eine interessante Variante der Aubergine ist der sogenannte **Eierbaum,** eine kompakt wachsende ca. 50 bis 60 cm hoch werdende Art mit hübschen, violettblauen Blüten. Die Früchte sind eßbar, verleihen der Pflanze jedoch eher einen zierenden Wert, weil sie im Aussehen täuschend Hühner- oder Enteneiern ähneln. Sie sind cremeweiß und färben sich im Abreifen gelb. Einen Eierbaum können Sie leicht als Zimmerpflanze in Töpfen mit einer Mindestgröße von 15 cm Durchmesser kultivieren. Kultur wie Aubergine, jedoch wird nicht ausgebrochen. Der Eierbaum wächst gleich gut im Freien wie unter Glas.

Bohnen (Busch- und Stangenbohnen), *Phaseolus vulgaris*

Aussaat   ab Ende März bis Ende Juli

Keimdauer   8 bis 10 Tage bei 18–25 °C

Erntemenge   3,5–4,5 kg/m² Stangenbohnen, ca. 2 kg/m² Buschbohnen

Stangenbohnen (Sorte 'Bertina') ergeben besonders viel Ertrag.

Kulturbeschreibung Die Kultur von Buschbohnen ist im Gewächshaus durchaus möglich. Insbesondere lohnt sich eine frühe oder späte Kultur. Angesichts der wesentlich höheren Erträge werden Sie aber sicherlich die Stangenbohne vorziehen, die eine willkommene Alternative zu den Standardkulturen Gurken und Tomaten bietet. Auch die Kombination mit diesen beiden ist durchaus möglich. Die Sorten sollten dabei nicht all zu hoch und blattreich sein. Die Spätsaat ist bis Ende Juli möglich. Sie bringt noch im September/Oktober eine willkommene Ernte. Die Anzucht in Töpfen ab Anfang April ist der Direktsaat vorzuziehen. Legen Sie jeweils 6–7 Samen in einen randvoll mit Erde ge-

Gemüse unter Glas

füllten Topf und drücken Sie die Samen leicht an. Die Bohnen keimen am besten in einem feuchten, aber keinesfalls nassen Substrat. Während der ganzen Kulturzeit sind sie wärmebedürftig. Temperaturen von 12° bei bedecktem Himmel bzw. 25°C bei Sonne sind optimal. Reichlich lüften, damit die Pflanzen nicht verweichlicht werden.

Nach 2 bis 3 Wochen sind die am Fenster oder im Gewächshaus vorkultivierten Töpfe bereits fertig zum Auspflanzen im Abstand von 40–50 cm. Sie dürfen noch keine Ranken gebildet haben, weil in sich verschlungene Triebe leicht abbrechen und diese Beschädigungen zu Wachstumsverzögerungen und Ertragsverlusten führen. Die Aufleitung der Triebe erfolgt an Gittern oder Schnüren, wobei in Dachhöhe ein Draht gespannt wird, von dem entsprechend lange Schnüre bis zu den Pflanzen reichen. Man kann sie dort anbinden oder auch lose hängen lassen, weil die Pflanzen von selbst daran hochklimmen. 4 Sämlinge pro Topf sind optimal.

Das dichte Blätterdach läßt leicht hohe Luftfeuchtigkeit entstehen. Die Bewässerung ausschließlich von unten ist daher wichtig, ebenso genügend Frischluft und Luftbewegung. Erst zu Beginn der Blütezeit sollten Sie reichlich gießen, vorher eher etwas sparsamer, um die Blattentwicklung zu bremsen und den Blütenansatz zu fördern. Alle Schmetterlingsblütler benötigen während der Blüte ausreichend Feuchtigkeit. Sie dürfen dann nicht trocken stehen, weil die Pflanze sonst die gerade angesetzten Früchte wieder abwirft.

Bohnen sind in der Lage, sich zu einem großen Teil selbst mit Stickstoff zu versorgen. Deshalb erst 6 bis 7 Wochen nach dem Auspflanzen mit 2 g Volldünger pro l Wasser düngen. Wenn Sie einen gekörnten Volldünger verwenden, dann sind 50 g/m² vor Kulturbeginn und 1–2 × 20 g/m² ab Beginn der Blüte angebracht.

Sorten 'Bertina' mit zahlreichen, ca. 12 cm langen Buschbohnenhülsen und ca. 2 m Höhe begrenztem Wachstum; 'Rapid', 'Trebona' und 'Markant' sind frühe Züchtungen, 'Neckarkönigin' und 'Neckargold' bewährte mittelspäte Sorten mit bis zu 30 cm langen runden fleischigen Hülsen, die jedoch auch im Gewächshaus sehr gut gedeihen.

Feldsalat (Rapunzel/Nüßlisalat), *Valerianella locusta*

Aussaat August bis Anfang Oktober
Keimdauer 3 bis 4 Wochen bei 15–20°C
Erntezeit Oktober bis April
Erntemenge 0,4–0,6 kg/m²
Kulturbeschreibung Feldsalat ist in seiner Urform auf unseren Äckern heimisch und als äußerst robust und völlig winterhart bekannt. Er liefert während der Wintermonate auch im unbeheizten Gewächshaus schmackhaften Salat, der dort leicht und bequem, und ohne ihn im Schnee suchen zu müssen, geerntet werden kann. Allerdings gedeiht er ebenso gut im Freien oder als Frühbeetnutzung. Feldsalat stellt eine ideale Nachkultur dar. Für die Herbst- und Frühwinterernte liegt der Sä-Termin im August. Für die späteren Erntemonate genügt auch noch die Aussaat bis Anfang Oktober. Säen Sie den Samen dünn (2 g/m²), breitwurtig und gleichmäßig auf ein vorher

Gemüse unter Glas

Dem Feldsalat schadet selbst ein kräftiger Frost nicht.

Schädlinge und Krankheiten
Schädlinge sind nicht bekannt. Bei zu dichtem Stand und hoher Luftfeuchtigkeit tritt leicht Mehltau auf. Bekämpfung: Mit einem zugelassenen Pilzbekämpfungsmittel spritzen. Besser: eine resistente Sorte wählen.
Sorten Züchtungen wie 'Vit', 'Jade', 'Elan' sind resistent gegen Mehltau. Nicht resistent, aber sehr wüchsig sind 'Holländischer breitblättriger' (für den Herbstanbau), 'Verte de Cambrai' (für Herbst und Überwinterung) und 'Dunkelgrüner vollherziger'.

Fenchel (Knollen- oder Gemüsefenchel), *Foeniculum vulgare* var. *azoricum*

Aussaat neuere Sorten ab Ende Februar bis Juli, ältere Sorten Mitte Juni bis Mitte Juli
Keimdauer 10 bis 14 Tage bei 15–20 °C
Erntemenge 2,5–3 kg/m²
Kulturbeschreibung Fenchel ist in unseren Breiten als ein altes Heilmittel bekannt. Fencheltee wirkt entzündungshemmend und beruhigend. Hierzu wird allerdings der Samen von *Foeniculum vulgare* verwendet, einer nicht knollenbildenden Art. Achten Sie daher beim Sameneinkauf ausdrücklich auf Knollenfenchel, damit Sie beim Anbau dieses in Süd-Europa seit langem und in unseren Breiten immer mehr geschätzten Gemüses zum erwünschten Erfolg gelangen. Der Anbau gelingt auch im Freien. Interessant ist aber die Frühkultur und die wesentlich sicherere Herbstkultur im Gewächshaus. Wichtig ist die Sortenfrage, denn der Knollenfenchel beginnt nach dem vorgegebenen Lang-

gut vorbereitetes Beet. Harken Sie ihn nur leicht über und drücken Sie ihn mit der Rückseite der Harke fest und gleichmäßig an. Man kann auch 0,5 bis 1 cm tief in 10–12 cm entfernte Reihen säen. Diese Methode empfiehlt sich insbesondere dann, wenn der Gewächshausboden Unkrautsamen enthält – die Bekämpfung ist dann leichter.
Eine Düngung ist von der Versorgung der Vorkultur her meistens nicht erforderlich, ansonsten genügen 25 bis 30 g/m² eines handelsüblichen Volldüngers.
Anfangs benötigt der Feldsalat zum Aufgang viel Feuchtigkeit. Nach dem Keimen sollte man allerdings vorsichtig mit Wasser umgehen, also nur am Morgen gießen und auch reichlich lüften, damit der Bestand abtrocknet. Dennoch kann es passieren, daß die gefürchtete Mehltaukrankheit auftritt. Geerntet wird während der Wintermonate. Die kleinen Blattrosetten schneidet man kurz über dem Boden ab.

Knollenfenchel kann heute ganzjährig im Gewächshaus angebaut werden.

tagsrhythmus normalerweise im Sommer zu schießen, ohne Knollen zu bilden. Inzwischen ist es aber gelungen,
tagneutrale Sorten zu züchten, die
auch bei frühem Saattermin Knollen
hervorbringen.
Obwohl die Direktsaat möglich ist mit
späterem Verziehen auf den idealen
Pflanzenabstand 40 × 25 cm, zieht
man die Pflanzen für das Gewächshaus besser vor. Die Aussaat erfolgt
breitwürfig auf ein Saatbeet oder in
eine Saatschale. Den Samen nur leicht
bedecken und gleichmäßig feucht halten. Im Keimblattstadium wird dann
direkt in 5–6 cm Töpfchen oder Jiffy-
pots pikiert und nach weiteren 3 bis 4
Wochen ausgepflanzt. Bei früher Aussaat im März kann ab Anfang Juni geerntet werden. Im Herbst ist der spä-
teste Pflanztermin ca. der 20. August.
Bei noch späterer Entwicklung ist das
Risiko zu groß, daß sich die Pflanzen
nicht mehr voll ausbilden können.
Knollenfenchel benötigt einen humosen, gut durchlässigen und tiefgründig bearbeiteten Boden und nicht
übermäßige, aber kontinuierliche
Nährstoffversorgung. Besonders
hoch ist der Wasserbedarf. 120 g

Blauvolldünger werden auf 3 Gaben
verteilt, etwa 60 g vor der Pflanzung
und 2 mal 30 g nach 5 bzw. 7 Wochen.
Werden die Knollen angehäufelt, blei-
ben sie besonders schön weiß.
Sorten 'Zefa-Fino' wird für den
Anbau im Gewächshaus, in den
Frühjahrs- und Sommermonaten angebaut. 'Cantino' ist universell für
Gewächshaus und Freiland während
des ganzen Jahres anwendbar,
'Zefa-Tardo' für den Herbstanbau mit
Aussaat Mitte Juni/Mitte Juli,
'Perfektion' und 'Latina' für die Aussaat Mitte Juli.
Schädlinge und Krankheiten
Schnecken und Asseln befallen Knollenfenchel gerne. Außerdem kann der
Blattlausbefall zu ernsten Problemen
führen: die jüngsten Blättchen verkümmern am Vegetationspunkt und
verdrehen und verkrüppeln sich. In
der Folgezeit wird keine Knolle mehr
gebildet. Die Bekämpfung muß daher
sehr bald erfolgen.

Gurken, *Cucumis sativus*

Aussaat im geheizten Gewächshaus
Ende Februar bis März, im ungeheiz-
ten Gewächshaus Anfang April bis
Juni
Keimdauer 3 bis 8 Tage bei
22–28 °C
Erntezeit Juni bis Oktober
Erntemenge 15–40 Früchte pro
Pflanze je nach Ernährungszustand
Kulturbeschreibung Wer Sorten mit
niedrigem Energiebedarf und hoher
Ertragsleistung verwendet, wird in je-
dem Gewächshaus, auch im unbe-
heizten, an Gurken seine Freude ha-
ben. Gurken benötigen einen beson-
ders humosen, lockeren, gut durchlüf-

Gemüse unter Glas

teten Boden, der reich mit Nährstoffen versorgt ist und ein feuchtwarmes Klima mit hoher Luftfeuchtigkeit. Oft besteht der Zwang, im gleichen Gewächshaus Gurken und Tomaten anzubauen. Die Tomate liebt es bekanntlich etwas trockener. Aus diesem Grund wird häufig die Meinung geäußert, beide Kulturen seien schlecht miteinander zu kombinieren. Bei mir gab es nie derartige Probleme. Allerdings wird auch den Sommer über so viel wie möglich gelüftet. Gurken sind besonders wärmeliebend. Insbesondere im Keimstadium werden die genannten Temperaturen unbedingt benötigt und zwar gleichmäßig, nicht nur an einigen Stunden während der Mittagszeit. Es lohnt sich daher, eine heizbare Wärmeplatte einzusetzen (s. S. 21) oder aber die Keimung im Zimmer dicht neben dem Heizkörper vorzunehmen. Am besten werden die Samen gleich in 7–8 cm Jiffytöpfchen mit torfreicher, keimfreier Aussaaterde gelegt, so daß sie später ungestört wachsen können. Gurken sind sehr empfindlich im Wurzelbereich und nehmen jede Verletzung sehr übel. Die Keimfähigkeit liegt normalerweise sehr hoch (über 90%). Ist in der Nähe des Heizkörpers nicht genügend Platz, dann können Sie das Keimen auch mit einer anderen Methode versuchen: Den Samen in ein wassergetränktes Tempotaschentuch oder in ein Leinentuch legen, in einen Plastikbeutel verschließen und dicht beim Heizkörper zur Keimung bringen. Sobald sich die ersten Wurzeln entwickeln (nach 3 bis 6 Tagen), werden sie eingetopft und bis zum Auspflanzen warm und feucht kultiviert. Die Kultur erfordert daher anfangs einige Aufmerksamkeit. Vor allem soll-

ten Sie, wenn die genügende Erwärmung des Bodens nicht gesichert ist, nicht vor Mitte April mit der Aussaat beginnen. Die schnellwüchsigen Pflanzen bringen auch bei einer späten Aussaat und bei einer Kultur, die sich in den Herbst hineinzieht, noch genügend Ertrag. Frühen Kulturen bekommt eine Bodenheizung oder eine Vegetationsheizung sehr gut. Erst bei eingewachsenen Pflanzen kann die Nachttemperatur, entsprechende Sorten vorausgesetzt, schon einmal auf 10 °C absinken, ohne daß Schäden eintreten. Temperaturen unter 8 °C werden allerdings nicht mehr vertragen. Kälteschäden äußern sich durch welkende Pflanzen und verfaulte Wurzeln.

Neuere Gurken-F_1-Hybriden sind jungfernfruchtig – jede Blüte setzt daher an und bildet Früchte.

Gepflanzt wird etwa 4 Wochen nach der Aussaat, wenn die Jungpflanzen ca. 20–25 cm hoch sind, in 50 cm Entfernung zur nächsten Pflanze und am besten auf einen kleinen Wall, der für Dränage des Gießwassers sorgt. Außerdem erwärmt sich der Boden auf diese Weise schneller und wird besser durchlüftet. Beim Pflanzen bitte sehr behutsam vorgehen. Die Wurzeln keinesfalls beschädigen und die Topfpflanzen niemals teilen. Bewährt hat es sich, den Wurzelhals etwa 10 cm hoch mit Torf, Mist oder Stroh anzuhäufeln, denn an dieser Stelle bilden sich schnell zusätzliche Wurzeln. Beginnen Sie etwa 4 Wochen nach dem Pflanzen mit regelmäßigem Düngen. Flüssigdünger oder gelöste Nährsalze werden einmal pro Woche in schwacher Konzentration 1–2 g/l Wasser dem Gießwasser beigegeben. Stärkere Konzentrationen können zu Verbrennungen an den Wurzeln führen. Wenn sich keine Früchte ausbilden oder ausgebildete schon bald verkümmern, ist die Pflanze mit Sicherheit unterernährt oder sie hat nicht genügend Licht. Düngen Sie dann einmal pro Woche und versuchen Sie, auch die anderen Kulturmaßnahmen zu verbessern.

Die Gurkentriebe werden an Schnüren zu einem unter dem Dach gespannten Draht hochgeleitet. Bald ist das Gewächshausdach erreicht und der Haupttrieb wird abgeschnitten. Innerhalb kürzester Zeit bilden sich aus den Blattachseln neue Seitentriebe mit Blätter- und Blütenansätzen.

Das Veredeln der Gurken verhindert Welkekrankheiten. Pflanzen des Feigenblattkürbisses und der Gurken werden durch einen Kopulationsschnitt verbunden.

Gemüse unter Glas

Würde man alle belassen, entstünde bald ein Gewirr von Blättern mit zahllosen Gurkenfrüchten, die die Pflanze überfordern. Deshalb ist ein erneuter Schnitt erforderlich, und zwar wird nach dem ersten Blatt und nach dem ersten Fruchtansatz gekappt. Der Gurkenschnitt hat also eine regulierende Wirkung. Der Kräftigung der Pflanze dient auch das Entfernen aller Fruchtansätze bis zu etwa 80 cm Höhe.

Die abgetrennten Seitentriebe müssen nicht verloren sein. Vielleicht ist eine Folgekultur mit einem zweiten Satz erwünscht? Die Triebspitzen ergeben gute Stecklinge, die schnell bewurzeln, und zwar in einem Töpfchen mit Torf, torfreicher Erde oder Vermehrungssubstrat (halb Sand halb Torf). Wärme und ein übergestülpter Plastikbeutel sorgen für ein schnelles Anwachsen.

Triebspitzen, die man an der Pflanze beläßt, auf die Erde legt und mit etwas Substrat bedeckt, bewurzeln ebenfalls in kürzester Zeit. Später die Verbindung zur alten Pflanze abtrennen, die neue wächst gesund und kräftig weiter. Diese Methode empfiehlt sich insbesondere dann, wenn die Mutterpflanze Probleme hat und man die Kultur retten will (z. B. Welkekrankheit, faulende Wurzeln, Verbrennungen der Blätter, Schädlingsbefall). Durch mangelhaften Fruchtwechsel treten in Gewächshäusern nach anfänglichen Erfolgen im 1. oder 2. Jahr vom 3. oder 4. Jahr an häufig Probleme auf. Insbesondere durch die Gurkenwelkekrankheit, gegen die zur Zeit kein Bekämpfungsmittel mehr zugelassen ist. Als vorbeugende Maßnahme bleibt das Veredeln der Gurken, das der Gärtner generell durch-

führt, zumal sich auf dem Feigenblattkürbis als Unterlage mit seinem starken, gesunden Wurzelsystem ein zügiges und kräftiges Wachstum mit höheren Erträgen entfaltet. Mit ein wenig Übung gelingt das Gurkenveredeln: Samen des Feigenblattkürbisses *(Cucurbita ficifolia)* gibt es im Samenfachgeschäft. Am besten säen Sie beide Arten zusammen in einem genügend großen Topf aus (11–12 cm Durchmesser). Die Gurkensaat wird eine Woche eher gestartet, dann folgt der Kürbissamen, weil dessen Entwicklung schneller vonstatten geht. Schon bald nach dem Ausbilden der Keimblätter, wenn die ersten richtigen Blätter gebildet sind, also nach etwa 3 Wochen, ist die günstigste Zeit zum Veredeln gekommen. Mit einem sehr scharfen Messer oder einer Rasierklinge, wird bei Trieben **gleicher Dicke** (wichtig!) ein Zungenschnitt bis zur Triebmitte ausgeführt. Beide Triebe werden nun vorsichtig und genau ineinander gepaßt und fest und absolut luftdicht miteinander verbunden.

Entwickeln sich Gurkenfrüchte nicht weiter, ist meistens Nährstoffmangel die Ursache.

Gemüse unter Glas

Hierzu gibt es spezielle Bleifolien, die die Gärtner verwenden. Sie können aber auch die Schnittstellen mit Wollfäden umwickeln oder einen Tesafilm benutzen. Nach 2 bis 3 Wochen sind die Pflanzen miteinander verwachsen und nun heißt es aufpassen, damit man nicht die falschen Teile abtrennt: von der Gurke die Wurzeln und vom Feigenkürbis den Kopf. Gespannte Luft und ideale Bedingungen fördern das Verwachsen ganz erheblich. Ein über die Pflanzen gestülpter, mit Löchern versehener Plastikbeutel oder ein Leinenbeutel leisten da gute Dienste. Sie können auch den Kürbis-»Kopf« noch eine Weile belassen – das Anwachsen im Beet wird so gefördert.

Sorten Von Ausnahmen abgesehen, (z. B. die robuste Sorte 'Hoffmanns Produkta', die sich insbesondere in Folienhäusern bewährt hat), sollten Sie nur hochwertige Qualitätszüchtungen kaufen. F_1-Hybriden, bitterfrei, krätzeresistent und nach Möglichkeit auch mehltauresistent, sodann reinweiblich blühend oder sogar jungfernfrüchtig (parthenocarpisch) sind Anforderungen, die die Sorten erfüllen sollten. Letztere fruchten ohne weiteres Zutun, sozusagen automatisch, und bilden nur ungewollt Samenansatz. Derartige Sorten sind teuer, aber der Kauf lohnt sich. Empfehlenswerte Züchtungen mit niedrigem Temperaturanspruch: 'Sandra', 'Flamingo', 'Euphya', 'Rawa' (alle mehltauresistent), 'Corona'. Für die nach der gleichen Methode mögliche Kultur von Traubengurken: 'Mepram', 'Parmel' (alles F_1-Hybriden).

Den beliebten Chinakohl gibt es in lang- und kurzköpfigen Sorten (hier 'Tokio Cross').

Chinakohl (Jägersalat), *Brassica rapa* ssp. *pekinensis*

Aussat Im Freiland im Juni bis Anfang August, im Gewächshaus ab Ende Januar bis Mitte August
Keimdauer 8 bis 12 Tage bei 15–22 °C
Erntezeit Mai bis Dezember
Lagerung möglich bis März
Erntemenge 8–10 Köpfe pro m², ein Kopf wiegt 1–1,5 kg
Kulturbeschreibung Vor wenigen Jahren noch gänzlich unbekannt, hat sich der Chinakohl inzwischen einen festen Platz im Gemüseangebot auf den Märkten und auch in den Gärten erobert. Für das Kleingewächshaus ist er besonders interessant, weil man mit ihm spät im Herbst noch freistehende Flächen bepflanzen kann. Wer ein temperiertes oder Warmhaus besitzt, kann sich auch mit Erfolg an die Frühjahrs- und Sommerkultur wagen, denn Versuche haben ergeben, daß diese typische Langtagspflanze trotz entsprechender Tageslänge keine Blüten, sondern Köpfe bildet, wenn nur die Jungpflanzenanzucht bis ins

Gemüse unter Glas

Auspflanzstadium bei mindestens 18 °C, besser 20 °C durchgeführt wird. Da die kleinen Pflanzen zu diesem Zeitpunkt noch nicht viel Platz benötigen, kann man sie durchaus an entsprechend warmer Stelle unterbringen. Nach dem Anwachsen darf die Temperatur etwas kühler sein. Chinakohl verträgt im Herbst leichten Frost (bis −6 °C). Aufrecht stehend und in Zeitungspapier einzeln eingewickelt, kann man die Köpfe in einem frostfrei gehaltenen Keller bis in den März hinein lagern.

Chinakohl nimmt mit jedem Boden vorlieb. Sie sollten jedoch besonders vorsichtig sein, wenn in Ihrem Garten Kohlhernie auftritt. Auf schweren Böden ist diese Krankheit keine Gefahr. Auf leichten, sauren Böden besteht jedoch in sehr starkem Maße die Gefahr der Weiterverbreitung. Kohlhernie äußert sich durch knollig verdickte Wurzeln und durch schlagartig nachlassende Wuchsleistung der befallenen Pflanzen. Sie ist praktisch nicht bekämpfbar und läßt sich nur durch hohe Kalkgaben vorbeugend eindämmen.

Die Aussaat erfolgt entweder dünn in Reihen mit späterem Verziehen der Sämlinge auf etwa 25 cm Abstand, Reihenabstand 40 cm, oder aber es wird in Kistchen ausgesät und in Töpfchen mit Durchmesser 5–7 cm pikiert. Für die Herbstkultur sollten Sie nicht vor dem 10. Juli aussäen, denn das hohe Lichtangebot führt zu dieser Jahreszeit mit Sicherheit zur Schossebildung. Köpfe bilden sich erst bei späterem Saattermin. Außer regelmäßigem Wässern verlangt der Chinakohl wenig Pflege. Bereits vor dem Aussäen bzw. Pflanzen werden 80 g Volldünger pro m² eingearbeitet.

Schädlinge und Krankheiten
Erdflöhe treten kurz nach der Aussaat auf und äußern sich in zahlreichen kleinen Löchern auf den ersten Blättern. Wenn Erdflöhe auftreten, haben Sie die Kulturen zu trocken gehalten. Regelmäßiges Wässern veranlaßt den Schädling, zu flüchten.

Erdraupen fressen die Wurzeln von unten an. Auch dieser Schädling tritt meistens bei zu trockenem Stand auf.

Kohlweißlingsschmetterlinge befliegen die Pflanzen und legen ihre Eier ab. Bald schlüpfen Raupen. Die geringe Anzahl der Pflanzen im Gewächshaus sollten Sie häufig kontrollieren und die Raupen absammeln und vernichten.

Krankheiten treten kaum auf. Bekannt ist lediglich die Lagerfäule *Alternaria,* die sich zunächst durch schwarzbraune Punkte an den äußeren Blättern äußert und die dann ins Innere vordringt. Sichere Bekämpfungsmethoden sind noch nicht bekannt.

Sorten In manchen Gegenden Deutschlands und in Österreich werden lange schwere Köpfe bevorzugt, wie sie die alten Sorten 'Granat', 'Cantoner Witkrop' und 'Petsai' liefern. Neue Züchtungen in diesem Typ sind 'Chiko F_1-Hybride' und 'Monument F_1-Hybride'.

Generell werden jedoch Züchtungen mit eiförmigen, gedrungenen Köpfen und mit fester Blattschicht bevorzugt. Wählen Sie möglichst kohlhernieresistente Sorten. Damit geht man Problemen von vornherein aus dem Weg. Für unser Klima passend sind z. B. 'Chorus' für Früh- und Herbstanbau, 'Nemesis', 'Morillo' und 'Parkin' für den Herbstanbau (alles F_1-Hybriden).

Gemüse unter Glas

Kohlrabi, *Brassica oleracea* var. *gongylodes*

Aussaat Januar bis Ende Juni bei 15–20 °C
Erntezeit Mitte April bis November
Erntemenge auf 1 m² stehen 15–16 Stück oder 4–6 kg
Kulturbeschreibung Kohlrabi gehört zu den Standardkulturen im Gewächshaus. Dieses schmackhafte zarte Gemüse ist schnellwüchsig und stellt an den Boden relativ geringe Ansprüche. Er soll humos, locker und wasserhaltend sein. Kohlrabi beantwortet Unregelmäßigkeiten in der Wasserversorgung mit Platzen. Als Vorkultur zu Tomaten, Gurken oder Melonen trägt er wesentlich dazu bei, daß auch ein wirtschaftlicher Erfolg sichtbar wird. Die Kultur im Gewächshaus ist das ganze Jahr über möglich. Besonders interessant ist jedoch die Frühjahrsnutzung.

Hierzu sollten Sie bereits im Januar/Februar aussäen. Eine kleine Anzuchtmöglichkeit am Fensterbrett bei 18–20 °C genügt dabei zunächst durchaus. Bereits nach 3 Wochen wird pikiert in Töpfchen von 5–7 cm Durchmesser oder in Kisten mit entsprechendem Abstand und nach weiteren 3 – spätestens 4 Wochen kann gepflanzt werden. Ein Abstand 20 × 25 cm oder bei laubreicheren Sorten 25 × 25 cm sind angemessen. Kohlrabi ist sehr elastisch, was die Temperaturen angeht. Entsprechende Sorten vorausgesetzt, kommt er sogar gänzlich ohne Heizung aus, ohne zu schießen und ohne holzig zu werden. Je mehr Heizung zur Verfügung steht, desto schneller ist das Wachstum. Temperaturen von 15–22° sind ideal. Die Ernteverfrühung, die sich

Kohlrabi in Mischkultur mit Salatzwiebeln, Pflücksalat und Römischem Salat.

damit erreichen läßt, ist beträchtlich. Bereits Mitte bis Ende April können die ersten Kohlrabi zur Verfügung stehen, wenn die Pflanzung Ende Februar bis Anfang März erfolgte. Gedüngt wird 2mal. Zunächst mit 60–70 g Blauvolldünger pro m² als Grunddüngung und 3 Wochen nach der Pflanzung nochmals mit ca. 30 g/m² des gleichen Düngers.

Schädlinge und Krankheiten Abgesehen von Blattläusen treten im Gewächshaus kaum Schädlinge auf. Auf Schnecken ist zu achten. Zu tiefes Pflanzen und zu wenig Luftbewegung in Verbindung mit Staunässe verursachen Fäulnis.

Sorten 'Fulda F₁', 'Trero', 'Avanti F₁' und 'Folio F₁' sind schnellwüchsig und schoßfest. Auch die Sorte 'Lanro' gedeiht unter Gewächshausbedingungen, wächst jedoch etwas langsamer. 'Azur Star' und 'Blaro' sind bewährte blaue Züchtungen, die sich sowohl im Freien als auch im Gewächshaus verwenden lassen.

Gemüse unter Glas

Melonen, *Cucumis melo*

Aussaat Ende März bis Ende April
Keimdauer 3 bis 12 Tage bei 22–30 °C
Erntezeit Juli bis Oktober
Erntemenge pro Pflanze 4–10 Früchte
Kulturbeschreibung Melonen eignen sich hervorragend als Gewächshauskultur, vor allem die Zuckermelonen, die sich wie Gurken an Schnüren hochleiten lassen. Bei Wassermelonen stößt dies auf einige Schwierigkeiten, schon vom Gewicht der Früchte her, so daß sie besser am Boden kriechend oder an leicht schräg gestellten Gittern aufgeleitet werden. Die Kultur entspricht in allem der Gurkenkultur. Insgesamt ist die Melone jedoch noch wärmebedürftiger. Die Nachttemperaturen sollten nicht unter 12 °C sinken, insbesondere in der Wachstumsphase bis Anfang August. Probleme bereitet mitunter der Fruchtansatz, für den spezielle Verhältnisse hinsichtlich der Luftfeuchtigkeit herrschen müssen. Die Bestäubung durch Bienen ist während der Mittagsstunden bei sonnigem Wetter gesichert. Dennoch ist es nicht verkehrt, mit dem Pinsel nachzuhelfen. Reinweibliche oder jungfernfrüchtige Melonensorten gibt es noch nicht. Jede Pflanze trägt daher männliche und weibliche Blüten. Die weiblichen sind am Fruchtknoten kenntlich. Mit dem Pinsel wird nun der Pollen männlicher Blüten mit sanftem Schwung auf die Narbe weiblicher übertragen. Die beste Zeit hierfür ist der zeitige Morgen, an sonnigen Tagen bis 9 Uhr, bei bedecktem Himmel bis 11 Uhr. Einige Sorten erfordern Schnitt, wobei die Methode etwas anders ausfällt als

Zuckermelonen wiegen schwer. Netze schützen die Pflanzen.

bei Schlangengurken. Die Jungpflanzen werden nicht entspitzt und an Schnüren bis zum Dach aufgeleitet. Die Triebe dürfen anschließend überhängen. Die sich bildenden Seitentriebe werden bei 1,50 m Höhe nach dem 1. Blatt, im oberen Bereich nach dem 2. bis 3. Blatt gekürzt. Um die Pflanzen kräftig aufzubauen, entfernt man bis 80 cm Höhe alle Seitentriebe und Früchte. Bei großfrüchtigen Sorten (z. B. Ogen-Melonen und Wassermelonen) sollen nur maximal 4–5 Früchte heranreifen. Bei Beginn der Fruchtbildung sollten die immer schwerer werdenden Früchte in Netzen oder Beuteln Halt finden. Am Boden liegende Früchte schützt man durch untergelegte Brettchen oder Dachpappenstreifen vor Fäulnis. Will der Fruchtansatz nicht glücken, setzen Sie am besten einige Zeit mit dem Gießen aus, bis die Pflanzen welken. Die eintretende Saftstockung bewirkt, daß sich nach einigen Tagen verstärkt weibliche Blüten bilden.

Gemüse unter Glas

Zuckermelonen sind eine reizvolle und lohnende Kultur.

Schädlinge und Krankheiten Weiße Fliege und Spinnmilben befallen Gurken und Melonen mit Vorliebe, also rechtzeitig bekämpfen. An Krankheiten tritt besonders **Echter Mehltau** auf, vor allem gegen Ende der Kultur. Bekämpfung: Spritzen mit einem zugelassenen Pilzbekämpfungsmittel.
Welkekrankheit: Ursache ist der Bodenpilz *Fusarium.* Streß, zuviel Wasser, zu niedrige Temperatur lösen die Krankheit aus. Ein Veredeln wie bei der Gurke ist nicht möglich.
Sorten Resistenzen gibt es bislang nur bei **Zuckermelonen:** z.B. 'Accent', 'Alpha', 'Delta', 'Maja' (alles F$_1$-Hybriden). **Wassermelonen:** 'King of Hearts F$_1$' ist ohne Kerne.

Paprika (Peperoni), *Capsicum annuum*

Aussaat Mitte März bis Anfang April
Keimdauer 8 bis 14 Tage bei 18–25 °C
Erntezeit Ende Juni bis Oktober
Erntemenge 2,5–4 kg je m² von 4–5 Pflanzen
Kulturbeschreibung Paprika gewann erst in den letzten Jahren bei breiterem Publikum an Beliebtheit. Gewächshausbesitzer haben ihn jedoch immer schon geschätzt, weil er vom Wuchs her als Unterpflanzung zu Tomaten bestens geeignet ist und sich auch in seinen Ansprüchen an diese Kultur anpaßt. Die Zahl und Verschiedenartigkeit der Sorten ist mitunter verwirrend. Es gibt den milden, sogenannten **Gemüsepaprika mit blockigen Früchten** in rot und gelb abreifenden Sorten. Ferner **kegelförmige** mit mildem oder scharfem Geschmack und **tomatenfrüchtige,** die zum Sauereinlegen besonders geeignet sind. Ferner Züchtungen **mit kirschengroßen Früchten,** mild oder scharf, die sehr zahlreich an den Pflanzen hängen. Und es gibt die tabascoähnlich scharfen **Peperoni,** die mitunter im Blumengeschäft als Zierpaprika angeboten werden. Nur eines gibt es nicht, »grünen« Paprika. Grüne Früchte sind unreife Früchte, die ihren Geschmack bei zunehmender Reife noch positiv verändern. Paprika benötigt zum Gedeihen viel Wärme, obwohl inzwischen auch Sorten mit niedrigem Wärmebedarf für das Freiland entwickelt wurden. Er ist anspruchsvoll an den Boden, der locker, humos, wasser- und nährstoffreich sein sollte und erfordert ständig gleichmäßige Pflege. Extreme, wie z.B. Trockenheit oder

Ob gelb- oder grünfrüchtig: Paprika färbt sich im Reifestadium rot.

ist 40 × 40 oder 40 × 50 cm. Neben einer Grunddüngung in organischer oder organisch-mineralischer Form wird ab 5. Woche nach dem Pflanzen wöchentlich flüssig gedüngt und zwar mit 2 g/l Wasser. Bei hochwachsenden Sorten reicht oft die Standfestigkeit nicht aus, so daß ein dazu gesteckter Staudenhalter, ein Bambusstab oder eine Verspannung mit Schnüren zusätzlich für Halt sorgen. Paprika gehört zu den Selbstbestäubern. Der Fruchtansatz ist normalerweise kein Problem. Sie können ihn jedoch steigern, wenn Sie die erste Frucht beizeiten ausbrechen. Ebenso wird der Ansatz gefördert, wenn man die Früchte nicht allzu groß werden läßt. Die Fruchtgröße ist jedoch auch stark sortenabhängig.

Sorten Bewährte Züchtungen sind 'Bell Boy F_1-Hybride', 'Merit' (auch für Freilandkultur), 'Bendigo', 'Yolo Wonder', 'Mavras' (violett), 'California Wonder' (alle mit großen blockigen Früchten, rot abreifend); 'Pusztagold', 'Golden Bell F_1-Hybride', beide gelb; 'Tomatenfrüchtiger', 'De Cayenne' (scharf) und Zierpaprika 'Halblange Wiener' (scharf), Peperoni (scharf).

sehr kühle Temperaturen, verträgt er nicht und beantwortet solche Kulturfehler mit Abwerfen der Blüten. Wenn Sie die Möglichkeit haben, Nachttemperaturen nicht unter 15 °C zu halten, können Sie die Aussaat bereits Ende Januar beginnen, ansonsten reicht der Monat März, um wüchsige, kräftige Jungpflanzen zum Auspflanzen Mitte Mai zu erzielen. Zum Aufgang sind hohe Temperaturen erforderlich, je wärmer desto besser. Sobald sich nach den beiden Keimblättern die ersten Laubblättchen zeigen, wird vereinzelt, entweder in Kistchen in einem Abstand von 8 × 8 cm oder in Töpfchen mit humoser, nährstoffreicher Erde, von 8–10 cm Durchmesser. Ein günstiger Pflanzabstand

Die scharfen Peperoni werden oft als schmucke Zierpflanzen angeboten.

Gemüse unter Glas

Radieschen, *Raphanus sativus* var. *sativus*

Aussaatzeit ganzjährig möglich, für den Gewächshausanbau Anfang bis Mitte September für die Weihnachtsernte, Anfang Oktober für die Ernte während des Winters und Ende Dezember, Anfang Januar für die Ernte Ende März.

Keimdauer 5 bis 10 Tage bei 16–18 °C

Ertrag 150–200 Stück pro m^2

Kulturbeschreibung Radieschen sind als schnellwüchsige Füllkultur, die wenig Platz braucht und sich gut mit anderen Gemüsen oder sogar Blumen kombinieren läßt, immer gern gesehen. Der ideale Abstand ist ca. 10 cm Reihenabstand und 5–6 cm in der Reihe. Dichterer Stand bringt mit Sicherheit »vergeilte« Pflanzen, die keine Knollen ansetzen, ebenso zu hohe Temperatur bei bedecktem Himmel. Die Pflanzen müssen gedrungen heranwachsen, wofür im Winter eine Temperatur von 10–12 °C reicht. Lediglich zur Keimung sind 16–18 °C erwünscht, sofort danach ist durch Lüf-

Radieschen in Mischkultur mit Stielmangold, Rettich und frühen Möhren.

ten die Temperatur zu senken.

Die einfachste Art, zu Radieschen zu kommen, ist die dünne Aussaat in eine Reihe mit Saattiefe ca. 1,5 cm. Gedüngt wird kaum. Normalerweise sind genügend Nährstoffe von anderen Kulturen vorhanden. Zu viel Stickstoff bewirkt außerdem, daß das Blattwerk zu stark entwickelt. 30 g Blauvolldünger pro m^2 reichen aus. Auch in den lichtreicheren Jahreszeiten sollten Radieschen mindestens auf 3 bis 4 cm Anstand stehen, entsprechend ist zu vereinzeln.

Schädlinge und Krankheiten Läuse und Schnecken, Bekämpfung s. S. 30.

Sorten Für den Herbst- und Winteranbau gibt es spezielle Züchtungen, die schnellwüchsig sind und mit wenig Licht auskommen, z. B. 'Fanal', 'Topsi', 'Tarzan', 'Boy', 'Cyros F$_1$-Hybride', 'Saxa Treib', 'Knacker' und für den Anbau im Frühjahr 'Rota', 'Cherry Belle' und 'Rudi'. Sehr gut eignen sich sowohl im Herbst als auch im Frühjahr 'Eiszapfen' und 'French Breakfast' (länglich halbrot-halbweiß) oder die weiße Sorte 'Flamboyant'.

Sogar im größeren Topf lassen sich mit Erfolg Radieschen ziehen.

Gemüse unter Glas

Rettich,
Raphanus sativus var. *niger*

Aussaatzeit ganzjährig für den Gewächshausanbau, insbesondere ab Anfang Januar bis März oder im Herbst Ende August bis Anfang September.

Keimdauer 5 bis 10 Tage bei 15–20 °C

Kulturbeschreibung Für den Gewächshausbesitzer bietet auch diese Kultur eine Möglichkeit, mit wenig Energieeinsatz frühzeitig zu ernten. Voraussetzung ist, wie bei Radies, das richtige Verhältnis von Platz, Licht und Temperatur. Auf einen entsprechenden Sä- oder Pflanzabstand von 20 × 30 cm ist daher unbedingt zu achten. Rettich kann man auch gut verpflanzen. Die Anzucht der Jungpflanzen bis zum pikierfähigen Stadium läßt sich daher leicht ans Fensterbrett verlagern, wo die Aussaat in einem Blumentopf oder in einer Saatschale erfolgt. 50 g Blauvolldünger pro m² reichen aus, der Boden muß besonders tiefgründig vorbereitet sein. Ein Pflanzholz ist ein gutes »Instrument«, um ein ca. 20 mm tiefes, kegelförmiges Loch zu bohren. An den Keimblättern gefaßt, die lange Wurzel kerzengerade herunterhängend, wird nun das Rettichpflänzchen hineingegeben und das Loch ringsherum mit gesiebtem Kompost gefüllt. Noch gut angießen und das Wachstum zu einem langen, geraden Rettich kann an der neuen Umgebung beginnen.

Die ideale Treibtemperatur liegt bei 10–12 °C an trüben und 15–18 °C an sonnigen Tagen.

Schädlinge und Krankheiten Läuse und Schnecken sowie ab Anfang Mai

Selbst geerntete Rettiche aus dem eigenen Gewächshaus.

die Rettichfliege treten leicht auf (Bekämpfung s. S. 30).

Rettichschwärze: Diese Krankheit ist eine Folge ungenügenden Fruchtwechsels und wird durch einen Bodenpilz verursacht, der sich in wässerig-schwärzlichen Verfärbungen und Fäulnis äußert. Eine direkte Bekämpfung ist nicht möglich. Zu Beginn der Kultur wenig gießen, viel frische Luft, ausreichend Platz und die Kultur auf jeweils anderen Beeten sind vorbeugende Maßnahmen.

Sorten 'Rex', 'Quick', 'Neckarruhm weiß', 'Münchner Treib und Setz', 'Halblanger weißer', 'Ostergruß rosa'.

Gemüse unter Glas

Kopfsalat, *Lactuca sativa* var. *capitata*
Schnittsalat, Pflücksalat, *Lactuca sativa* var. *crispa*

Aussaat ganzjährig für Gewächshauskulturen Ende August bis Anfang
April, spätere Aussaaten für die Kultur
im Freiland
Keimdauer 5 bis 12 Tage bei
5–16 °C
Erntezeit Oktober bis Juni, den
Sommer über im Freiland
Ertrag 10–15 Köpfe pro m²
Kulturbeschreibung Kopfsalat gehört zu den klassischen Gewächshauskulturen, aber nur im Frühjahr bei
zunehmendem und im Frühherbst bei
noch reichlich vorhandenem Lichtangebot gelingt die Kultur wirklich gut.
Die optimale Kulturtemperatur liegt
zwischen 15 und 18 °C bei ausreichend feuchtem Boden und reichlicher Lüftung. Unter 10 °C verlangsamt
sich das Wachstum deutlich. Gleich-

Schnittsalat ergibt als »Lückenbüßer« schnelle
Ernten.

Der Kopfsalat liebt es kühl, hell und luftig.

zeitig kann hohe Feuchte zum Faulen
führen. Nimmt während des Winters
die zur Verfügung stehende Lichtmenge ab, verzögert sich das Wachstum erheblich. Auch eine höhere Temperatur bringt dann keine Verbesserung. Im Gegenteil, zu viel des guten
führt zu geilen, schwächlichen Pflanzen und die Gefahr des Grauschim-
melbefalls steigt. Während des Winters sollte Ihr Haus daher nicht wärmer als 12–14 °C sein. Geduld und
reichliches Lüften sind eher angebracht.
Die Tabelle auf Seite 63 verdeutlicht
dies. Sie beruht dabei noch auf dem
Einsatz von Zusatzlicht. Ohne dieses
Hilfsmittel dauert die Entwicklungszeit
noch länger, die Heizkosten aber stei-

Gemüse unter Glas

Saatzeit	Ernte	Entwicklungszeit
1. Woche im November	Ende März	ca. 100 Tage
1. Woche im Januar	Anfang April	ca. 90 Tage
1. Woche im Februar	Ende April	ca. 75 Tage
1. Woche im März	Anfang Mai	ca. 60 Tage
1. Woche im April	Anfang Juni	ca. 55 Tage
3. Woche im August	Anf. November	ca. 80 Tage
2. Woche im September	Anf. Dezember	ca. 85 Tage

gern sich weiter. Aus diesem Grunde wird kaum vor Anfang Februar gesät. Interessant ist dagegen für viele Gewächshausbesitzer die Spätkultur mit Aussaat um Mitte September, um zu Weihnachten frischen Salat servieren zu können. In beiden Fällen muß das

Pflücksalat liefert über lange Zeit Ernten, Blatt für Blatt, sogar noch während des Schießens.

Haus gerade eben frostfrei und nicht wärmer als 10–14 °C gehalten werden. Als Alternative für den Winter bietet sich der schnellwüchsige **Schnittsalat** an, der bereits nach 6–8 Wochen die erste Ernte liefert, auch wenn er nur Salatblätter und keine Köpfe bildet. Er wird noch im Spätherbst oder ab Ende Februar in Reihen von ca. 20 cm Abstand oder breitwürfig fortlaufend gesät. Auch der Pflücksalat ist eine gute Alternative.

Kopfsalatsamen ist je nach Sorte unterschiedlich empfindlich gegen zu hohe Keimtemperaturen. Gefährdet sind alle Aussaaten über 16 °C. Vor allem auf die ersten Stunden kommt es an. Stellen Sie die Saatschale daher an einem Ort mit der idealen Keimtemperatur von 10–14 °C auf.

Der Kopfsalat benötigt eine allseitige Entfernung von ca. 25 cm. Beim Pflanzen ist darauf zu achten, daß der Wurzelhals völlig frei über dem Erdniveau steht. An dieser Stelle ist der Salat besonders fäulnisempfindlich. Also nicht zu tief pflanzen! Als Düngung genügen 60 g Blauvolldünger pro m². Salat ist salzempfindlich, insbesondere gegen Kali, liebt aber eine reiche Versorgung an Humus, daher insbesondere den Abschnitt über Entsalzung des Bodens (s. S. 27) beachten.

Gemüse unter Glas

Schädlinge und Krankheiten
Schnecken, Blattläuse und Weiße
Fliege treten häufiger auf. Von den
Pilzkrankheiten wird insbesondere der
Grauschimmel *(Botrytis)* gefährlich,
der infolge schlechter Kulturbedingungen (insbesondere nicht genügend Lüftung) auftritt. Falscher Mehltau befällt die meisten Sorten. Resistente Sorten sind im Vormarsch
(zum Beispiel 'Imka', 'Mirena', 'Clarion' und 'Elvira'). *Sclerotinia*-Wurzelfäule tritt bei zu häufigem Anbau auf:
Erde austauschen oder Kulturplatz
wechseln!
Sorten Für Spätherbst- und Winteranbau eignen sich die Sorten 'Plevanos', 'Imka' und 'Larissa', sowie für
das zeitige Frühjahr auch 'Maikönig
Treib', gefolgt von 'Reskia' und 'Mirena', die sich auch bestens für das
Freiland eignen.
Vom beliebten Eissalat kommen die
ersten Gewächshaussorten auf den
Markt. Gute Erfolge im Frühjahrsanbau gab es bislang mit 'Timo' und mit
den kleinköpfigeren Sorten 'Kellys',
'Bastion' und 'Summit'. Für den
Herbstanbau hat sich 'Cristallo' bewährt.

Pflücksalat
Pflücksalat ähnelt in vielem dem Kopfsalat, seine Blätter sind jedoch gezackt oder gewellt. Der Kopf bleibt offen, er schließt sich nicht. Geerntet
werden jeweils die äußeren Blätter,
die inneren (das Herz) bleiben stehen
und regenerieren sich immer wieder,
so daß Pflücksalat einen weitaus höheren Ertrag als Kopfsalat bringt und
zudem viel länger beerntet werden
kann. Ein weiterer Vorteil: Pflücksalat
ist ziemlich winterhart, so daß er auch

in einem unbeheizten Kleingewächshaus, Ende August/Anfang Oktober
ausgesät, überwintern kann und sehr
früh Salatblätter zur Ernte liefert.
Sorten 'Grand Rapids' (besonders
spätschossend), 'Australischer Gelber' und 'Salad Bowl' (auch genannt
'Grüner Eichenblattsalat'). Sodann die
etwas kräftiger schmeckenden Sorten
mit roter Färbung 'Amerikanischer
Brauner' und 'Red Salad Bowl' (auch
'Roter Eichenblattsalat' genannt). Die
unbeheizte Überwinterungskultur ist
insbesondere in der Schweiz von Interesse. Dort wird dieser Salat als
'Winter-Lattughino' bezeichnet.

Scherkohl, *Brassica napus* ssp. *napus*

Aussaatzeit ganzjährig, zur Frühkultur Ende Januar bis Mitte März
Keimdauer 5 bis 10 Tage bei
10–18 °C
Ertrag 2–2,5 kg/m²
Kulturbeschreibung Der »Bremer
Scherkohl« ist eine Spezialität mit bislang noch sehr geringem Bekanntheitsgrad. Wer ihn einmal gegessen
hat, wird jedoch sehr schnell Gefallen
daran finden, läßt er sich doch zubereiten wie Blattspinat, Wirsing oder
auch wie Grünkohl. Es gibt winterharte Sorten, die auch Frost vertragen
und im unbeheizten Kleingewächshaus verbleiben können. Aber auch
die Sommersorten sind bei Frühjahrskultur unempfindlich gegen kurzzeitig
niedrige Temperaturen. Die Aussaat
erfolgt wie bei Stielmus entweder in
Reihen oder aber breitwürfig (2 g/m²).
Die Kulturzeit ist ähnlich kurz (5 bis 7
Wochen). Geerntet und gegessen

Der Scherkohl, ein Verwandter des Raps, ist eine weitgehend unbekannte Bremer Spezialität. Dennoch lohnt sich für Gewächshausbesitzer die Kultur, da er auch Frost verträgt.

werden Blattstiele und Blätter, die beide einen ausgezeichneten Geschmack besitzen. Eine Düngung ist angesichts der kurzen Kulturzeit meistens nicht nötig. Allenfalls kann vor der Kultur 30–40 g Blauvolldünger eingearbeitet werden.

Sorten Landwirtschaftlich oder für Gründüngung genutzte Raps-Züchtungen wie 'Lihoraps', 'Emeralt' u. a.

Stielmus (Rübstiel, Mairüben) *Brassica rapa* ssp. *rapa*

Aussaatzeit ganzjährig, zur Frühkultur Ende Februar bis Mitte März
Keimdauer 5 bis 10 Tage bei 10–18 °C
Ertrag 3–5 kg/m²
Kulturbeschreibung Rübstiel und Mairüben sind nur in einzelnen Gegenden Deutschlands bekannt, vor allem im Rheinland. Das ist schade, denn die Kultur dieses schmackhaften Gemüses ist sehr einfach und als Vor- oder Nachkultur mit geringem bzw. ohne jeden Wärmeanspruch (sogar leichter Frost wird vertragen!) auf jeden Fall lohnend. Rübstiel, auch Mairübstiel und Stielmus genannt, ist ein Gemüse, bei dem in der Hauptsache die zarten, getriebenen Stiele geerntet, klein gehackt, gedünstet und mit einer holländischen Soße verfeinert werden. Gewürze wie Pfeffer und Muskat oder Sauerrahm ergeben verschiedene Geschmacksnoten. Während aus dem gleichen Saatgut bei weiter Aussaat in einem Abstand von etwa 5–10 cm die sog. »Mairüben« entstehen, entwickelt sich bei Dichtsaat (1,5–2 g/m²) Stielmus. Die Verwendung der Rüben spielt bei dieser Kultur keine Rolle. Eine Verbesserung mit höherem Ertrag und breiteren Stielen ist auch die holländische Sorte 'Namenia', die bei weitem Abstand rosettenartig wächst ohne jede Rübenbildung. Säen Sie am besten in Reihen von 15 cm Abstand und 0,5–1 cm tief in Reihen. Bei Temperaturen von 10–15 °C geht der Samen schnell auf und entwickelt sich innerhalb von 5 bis 7 Wochen, je nach Jahreszeit, zur Schnittreife. Um über längere Zeit

Gemüse unter Glas

Stielmus wächst schnell und leicht. Vor allem im Rheinland kennt man die Zubereitung.

Stielmus ernten zu können, empfiehlt es sich, Folgeaussaaten im Abstand von 14 Tagen vorzunehmen.
Sorten 'Holländische Weiße' oder Samen der Herbstrübensorte 'Runde weiße rotköpfige'. Verfeinerte Selektionen daraus sind als regionale Spezialität unter dem Namen 'Mairüben' (französisch 'Navets') in gärtnerischer Kultur, vor allem in Frankreich, Nord-Italien und in der Schweiz. Auch aus Japan gelangen Sorten mit einem ausgezeichneten, fast süßen Geschmack auf unseren Markt (z.B. 'Tokio Cross F_1-Hybride').

Stielmangold, *Beta vulgaris* var. *flavescens*

Aussaatzeit ganzjährig, während des Sommers im Freien, während der Wintermonate im Gewächshaus
Keimdauer 8 bis 10 Tage bei 15–20 °C
Ertrag 5–7 kg/m² von 5–6 Pflanzen
Kulturbeschreibung Die jungen Blätter können wie Spinat Verwendung finden. Die 5–7 cm breiten, dickfleischigen, creme- oder silbrigweißen Blattstiele werden in breite Stücke geschnitten, gedünstet und entweder mit holländischer Soße, mit gebräunter Butter oder mit Käse überbacken als Beilage zu Fleisch serviert. Für Gewächshausbesitzer ist die Kultur des Stielmangolds besonders wertvoll, weil er zu den Kulturen gehört, die über eine lange Periode mehrfache Ernten erlauben und überdies keinen oder einen nur geringen Wärmeanspruch besitzen. Bei genügend Abhärtung sind die Pflanzen frosthart, so daß sie auch in einem ungeheizten Gewächshaus überwintern können. Von den verschiedenen möglichen Aussaatterminen seien nur 2 herausgegriffen.
Die Herbstaussaat zur Spätherbst-, Winter- und Frühjahrsernte: Gesät wird breitwürfig in eine Saatschale oder in einen Topf um den 1. August. Schon ca. 10 Tage nach dem Aufgang kann man pikieren und zwar in Töpfchen mit 4–5 cm Durchmesser, auch Multitopfplatten und Jiffyblocks sind gut geeignet. Um den 1. September wird auf ein tiefgründig vorbereitetes, humoses und mit 40 g Volldünger pro m² gedüngtes Beet gepflanzt. Ein günstiger Pflanzabstand ist 40 × 30 oder 40 × 40 cm. Die optimale Tem-

Gemüse unter Glas

Stielmangold ist ein delikates Gemüse, das mehrere Ernten erlaubt.

peratur liegt bei 15 °C. Die erste Ernte setzt Mitte Oktober ein, wobei die ausgewachsenen Blätter vorsichtig abgebrochen werden, ohne den Rest der Pflanze zu beschädigen. Schon bald wachsen neue Blätter nach, so daß bis zum Winter hin 2 Ernten normal sind. Ab Ende März bis Ende Mai sind weitere Ernten möglich, bis letztendlich der Blütentrieb erscheint. Eine spätere Aussaat, die durchaus bis in den Winter hinein noch erfolgen kann, bringt im Herbst keine Ernte mehr, setzt dagegen im Frühjahr zeitig ein. Günstig ist auch die Frühjahrsaussaat: Gesät wird Ende Februar, wobei der Pflanztermin Anfang April liegt. Bei zügigem Wachstum und reichlichem Lichtangebot setzt im kalten oder schwach geheizten Haus die Ernte Mitte Mai ein und zieht sich bis Anfang Juli hin.

Sorten In Deutschland sind die Sorten 'Walliser' und 'Lukkulus' bekannt. Letzterer schoßt relativ früh. In der Schweiz ist 'Genfer Spezial' eine bekannte Sorte.

Tomaten, *Lycopersicon esculentum*

Aussaatzeit Februar bis April
Keimdauer 10 bis 15 Tage bei 20–25 °C
Erntezeit Juli bis Dezember
Erntemenge 8–10 kg/m² von 3 Pflanzen
Kulturbeschreibung Daß die Tomaten mit einer enormen Vielzahl von Sorten und Arten aufwarten können, wurde vielen Gartenbesitzern nach der holländischen »Einheitstomate« (rund, rot, maschinensortierbar, transportfähig und wenig Geschmack) erst in den letzten 10 Jahren bewußt. Dabei gibt es gelbe, weiße und rote Sorten mit großen, kleinen, pflaumenförmigen Früchten, ja sogar mit viereckigen.

Bei uns hat man sich der großfrüchtigen »Fleischtomate« erinnert, der wunderbar süß schmeckenden kleinfrüchtigen »Obst- oder Kirschtomaten« in Spalierversion mit bis 2 m langen Trieben oder der niedrig bleibenden für Töpfe, der pflaumenförmigen »Ketchuptomate«, die sich für Tomatensaft und Pulpe besonders gut eignet und natürlich der zahlreichen Variationen der runden Tomate. Daneben gibt es »Buschtomaten«, die keinerlei Stab oder Halt benötigen.

Es gibt wohl kaum ein Gewächshaus, in dem Tomatenpflanzen fehlen. Mit ihrem beachtlichen Wärmebedarf und den hohen Erträgen über eine lange Erntezeit hinweg ist der »Paradiesapfel« für diese Kultur geradezu prädestiniert. Die Tomate gedeiht in humus- und nährstoffreichem Gartenboden und lohnt eine sorgfältige Bodenlockerung, denn die Wurzeln dringen bis zu 80 cm in die Tiefe vor. Man kann

Die reichtragenden, kleinfrüchtigen Obsttomaten sind besonders schmackhaft.

Tomaten mit einem erheblichen Energieaufwand ganzjährig ziehen – im Warmhaus also auch während des Winters. Normalerweise gedeiht sie jedoch auch recht gut in einem ungeheizten Gewächshaus während der Sommermonate. Die Pflanzenanzucht aus Samen erfordert zunächst nicht viel Platz, eine Pikierschale oder auch ein größerer Blumentopf reichen zunächst, bis die Keimblätter gut entwickelt und die Sämlinge gut faßbar sind. Die beste Zeit zur Aussaat liegt um den 1. bis 20. März, frühere Aussaaten haben wenig Sinn, weil die Pflanzen leicht vergeilen. Mit dem um diese Jahreszeit schnell steigenden Lichtangebot holen spätere Aussaaten den anfänglichen Vorsprung

schnell auf und wachsen zudem gedrungener. Beim Ausflanzen sollen sie bereits die ersten Blüten zeigen. Tomaten vertragen keinerlei Frost. Der Pflanzabstand beträgt 50 × 80 cm. Wenn im Gewächshaus später auf eine Reihe gepflanzt wird, kann auch auf 40 cm verengt werden. Setzen Sie die Pflanzen tiefer ein, als sie zuvor gestanden haben. An den Stengeln bilden sich schnell neue zusätzliche Wurzeln, die der Ernährung der Pflanze zugute kommen. Den nötigen Halt geben entweder Pfähle oder am Wurzelhals festgebundene Schnüre, in die man den Trieb vorsichtig hineindreht. Die ideale Temperatur liegt zwischen 20 und 25 °C bei nicht zu hoher Luftfeuchtigkeit. Die Blüten befruchten sich selbst. Durch Windbewegung und reichliches Lüften fällt der Pollen normalerweise von selbst auf die Narben. Besser ist es jedoch, von Zeit zu Zeit die Pflanzen während der Mittagszeit zu schütteln, um beim Bestäuben etwas nachzuhelfen. Während der Kultur müssen die Seitentriebe frühzeitig ausgebrochen werden. Auch bei den kleinfrüchtigen Obsttomaten haben Versuche ergeben, daß mehrere Triebe pro Pflanze keinen höheren Ertrag bringen, sondern nur durch übermäßige Laubbildung die Fruchtreife verzögern. Bei Buschtomaten und Topftomaten erübrigt sich das Ausbrechen der Seitentriebe. Im Gewächshaus kommen nur etwa 6–7 Blütenstände zur Ausreife. Die Triebspitze bildet jedoch weit mehr aus. Deshalb wird der Haupttrieb in entsprechender Höhe gekappt, um die Kraft in die vorhandenen Früchte zu lenken. Die unteren Blätter kann man ohne Schaden für die Pflanze vom Sommer an entfer-

Das Ausbrechen der Seitentriebe fördert die Pflanzenentwicklung und steigert den Ertrag.

Die Triebe finden als Stecklinge für einen späten Satz wieder Verwendung (unten).

Entblätterte Tomaten reifen im Herbst besser aus (oben rechts).

nen, die Luftzirkulation wird dadurch verbessert.

Tomaten sind Nährstofffresser. Stallmist, bereits im Herbst in den Boden gebracht, gedüngter Torf und Kompost halten daher nicht lange vor, und zusätzliche mineralische Düngung ist unerläßlich.

Vor der Pflanzung sollten Sie etwa 60 g pro m² Blauvolldünger einarbeiten und 4 Wochen nach dem Pflanzen mit dem Nachdüngen beginnen. Im Abstand von je 4 Wochen werden dabei 30 g/m² Blauvolldünger ausgestreut oder aber es wird wöchentlich mit einer Konzentration von 2–3 g/l gedüngt. Benetzte Blätter dabei immer anschließend sauber spülen, damit Verbrennungen vermieden werden! Durch einen zusätzlichen »Stoß« von 20 g/m² Kalimagnesia im Juli wird der Geschmack der Früchte verbessert.

Gemüse unter Glas

Für Gewächshausbesitzer ist die Verlängerung der Kulturperiode besonders interessant, was Sie bereits erreichen können, indem Sie die ersten Nachtfröste durch etwas Zusatzheizung überbrücken. In der Regel erweitert sich allein damit die Ernteperiode bis Mitte November/Anfang Dezember. Vor dem Einsetzen der ersten richtigen Frostperiode geht es mit kleinen Tricks weiter: Insbesondere bei Obsttomaten werden alle angesetzten noch grünen Früchte reif, wenn Sie sie vorsichtig von der Pflanze abpflücken und an einer warmen, aber dunklen Stelle (z. B. im Küchenschrank) nachreifen lassen. Im Gegensatz zu den großfrüchtigen Sorten entwickeln diese Tomaten auch abgepflückt noch ihren Geschmack. Bei den großfrüchtigen Sorten können Sie im Spätherbst auch alle Blätter entfernen und so die Reife beschleunigen. Vor dem Einsetzen der ersten Fröste dann den gesamten Trieb aus dem Boden ziehen und in einem frostfreien, möglichst warmen Raum die daran hängenden Früchte nachreifen lassen. Gesunde Tomaten reifen problemlos aus, beschädigte oder kranke jedoch lohnen nicht den Aufwand. Auf diese Weise können Sie bis Weihnachten oder Anfang Januar mit frischen Tomaten aufwarten.

Obst- oder Kirschtomaten gibt es auch als niedrig bleibende Buschversion (oben).

Geplatzte Tomaten sind die Folge unregelmäßiger Wasserversorgung (Mitte).

Zu wenig Wasser – ungenügender Transport von Kalk innerhalb der Pflanze – anschließend schwarze, verhärtete Stellen an der Fruchtspitze. Auch solche Schäden weisen auf Gießfehler während der Blüte hin (unten).

Gemüse unter Glas

Schädlinge und Krankheiten Läuse und Weiße Fliege sind häufig auftretende Schädlinge. Eine Beipflanzung von Tagetes soll geringen Befall der Weißen Fliege abhalten.
Grauschimmel *(Botrytis)* tritt bei zu hoher Luftfeuchte auf, vorbeugend für viel Luftbewegung sorgen. Die Braunfleckenkrankheit *(Phytophtora)* tritt vor allem im Freiland auf. Mit einem zugelassenen Pilzbekämpfungsmittel spritzen.
Sorten Alle Sorten, die im Freiland gedeihen, sind auch für das Gewächshaus geeignet. Die Sorten müssen daher robust sein, z. B. die Hellfrucht-Typen 'Harzfeuer F_1-Hybride'. Achten Sie möglichst darauf, daß die Züchtungen resistent sind gegen Virus, *Cladosporium* und *Fusarium,* Nematoden und keinen »grünen Kragen« besitzen, d. h. sie sollen unreif gleichmäßig grün sein, ohne Flammung im Fruchtansatz. Solche Sorten reifen überall rot ab und können ganz verwendet werden, ohne harte Stellen. 'Vanessa', 'Gourmet', 'Hildares F_1-Hybride' sind entsprechende Züchtungen mit festen, mittelgroßen, runden Früchten.
Unter den Fleischtomaten haben sich besonders die Sorten 'Master F_1' und 'Pyros F_1-Hybride', sowie 'Super-Marmande' und 'Luxor' bewährt.
Einige Obsttomaten (Spaliertomaten) sollten Sie immer mitpflanzen. 'Sweet Cherry F_1' und 'Sweet 100 F_1' sind empfehlenswert. Niedrige Obst-(Cocktail-)tomaten eignen sich zur Unterpflanzung, z. B. 'Tiny Tim', 'Phyra', 'Minibel'.
Gelbfrüchtige Züchtungen: 'Goldene Königin' und 'Mirabell'. Balkontomaten: 'Patio F_1-Hybride', 'Balkonstar' und 'Totem F_1'.

Winter-Endivie, *Cichorium endivia*

Aussaat Mitte Juni bis Anfang August, fertig in 3 bis $3^1/_2$ Monaten
Keimdauer 10 bis 20 Tage bei 10–20 °C
Erntezeit September bis Dezember
Erntemenge 8–10 Köpfe/m², ein Kopf wiegt 600–1000 g
Kulturbeschreibung Man sieht es ihm nicht unbedingt an, doch gehört der rosettenartig wachsende Endiviensalat mit seinen zahlreichen, je nach Sorte mehr oder weniger stark gekrausten, geteilten oder gezähnten Blättern zur Familie der Zichoriengewächse, zu der auch so bekannte Salate wie Chicorée, Radicchio und Zuckerhutsalat (beide anschließend beschrieben) gehören. Die Blätter sind knusprig mit einem angenehmen »Biß«. Der Geschmack ist kräftig, nußartig, leicht bitter, doch sehr angenehm.
Im Sommer neigt Endiviensalat zum Schießen (Langtagspflanze). Daher ist eine Aussaat vor Mitte Juni wenig empfehlenswert. Die stets gefährdete Frühkultur mit warmer Anzucht (Sorte 'Bubikopf', Aussaat Anfang April, Ernte Juni) wird selten praktiziert. Der letzte Termin für eine Aussaat in Gewächshauskultur ist Anfang August. Am besten gelingt die Aussaat auf einem Beet in Reihen von etwa 30–40 cm Abstand, so dünn wie möglich und etwa 1–1,5 cm tief. Ca. 5 Wochen nach dem Aussäen ist es Zeit, die Pflänzchen auf 30–35 cm Abstand zu vereinzeln. Sie können jedoch auch direkt in Töpfchen säen, so daß die lange Pfahlwurzel später nicht mehr gestört wird und in der Zeit zwischen Anfang August und Mitte September spätestens pflanzen. Eine Düngung

Das Bleichen von Endiviensalat ist bei den meisten Sorten unnötig.

Radicchiosalat, ein zunehmend beliebtes Gemüse mit karminroten Blättern.

vor dem Säen oder Pflanzen von 40 g Blauvolldünger pro m² reicht zur Versorgung der Kultur aus.

Das Innere der Endivienpflanze mit cremeweißem, leicht grünlichem, dichtgefülltem Blattwerk, ist am delikatesten im Geschmack. Die meisten Sorten sind heute selbstbleichend. Falls Sie eine andere gewählt haben, binden Sie die Köpfe ca. 14 Tage vor der Ernte mit einer Schnur oder einem kräftigen Gummi schopfartig zusammen. Durch Lichtentzug erhält nun das Innere die geschätzte Farbe und verliert auch an Bitterstoffen. Endivien vertragen leichte Fröste (bis −4 °C), so daß man durchaus mit einer Kultur ohne jede Heizung auskommen kann. Die letzten Pflanzen können Sie samt Wurzel ausgraben und in einen frostgeschützten Einschlag bringen bzw. in den Keller. An der Wurzel, Kopf nach unten, aufhängen bis zum Verzehr, der sich so bis Ende Januar/Anfang Februar hinausziehen kann. Faulende Blätter sollen Sie vorher entfernen. Gut bewährt hat sich auch die bereits beim Chinakohl beschriebene Methode des Einschlagens in Papier. Die einzeln verpackten Köpfe werden locker aufrecht in eine Kiste gestellt. Endivien bieten sich als Spätkultur, z. B. nach Hausgurken oder als Bodenbepflanzung zwischen Tomaten, an. Eine Entwicklung im Haus ist kräftiger als im Freiland.

Sorten Für das Gewächshaus sind insbesondere geeignet: 'Bubikopf' in verschiedenen Selektionen der Züchter, 'Jeti', 'Elodie' und 'Diva' von Hild. Bei der mitunter als selbständige Gemüseart angepriesenen sog. 'Frisee' handelt es sich um die Endiviensorten 'Große grüne krause' oder 'Meaux' o. a. mit besonders fein gekrausten, sehr blattreichen Köpfen.

Radicchiosalat, *Cichorium intybus* var. *foliosum*

Dieser erst in letzter Zeit durch seine auffällige karminrote Färbung bekannt gewordene Salat aus Norditalien gleicht in der Kultur völlig dem Endiviensalat.

Den Herbst hindurch läßt er sich gut im Gewächshaus kultivieren. Beachten Sie jedoch, daß 2 deutlich unterschiedliche Typen als Samen erhältlich sind: 'Roter von Verona' ('Roter Veroneser') eignet sich mehr für den

Freilandanbau in kontinentalem Klima. Er ist völlig winterhart und entwickelt – ähnlich Chicorée – erst im Spätwinter kleine, feste Schöpfe, die Neutriebe. Sie werden im Februar bis März geerntet. In wintermildem Klima (z. B. in Norddeutschland) gibt es durch verfrühten Austrieb häufig Fäulnis und Mißerfolge. In Bayern und in der Schweiz gedeiht er dagegen gut. 'Palla Rossa' ist schnellwüchsiger (wie Endivien) und sicher in der Kultur, sowohl im Freien als unter Glas. Er entwickelt noch im Herbst braunrote, zuweilen auch gelbgrün gesprenkelte Köpfe mit festem, karminrotem Herz und knackigem, nußartig bis leicht bitterem Geschmack. Wie Endivien verträgt Palla Rossa nur leichte Fröste.

Zuckerhutsalat verträgt sogar mittlere Fröste.

Zuckerhutsalat, *Cichorium intybus var. foliosum*

Diese auch als Fleischkraut oder Herbstchicorée bekannte Zichorienart bildet in den Spätherbstmonaten ca. 40 cm hohe, tütenförmig dicht gefaltete, haltbare Köpfe, die als Salat oder auch gedünstet (z. B. mit Käse überbacken) verzehrt werden. Der Zuckerhut verträgt bis $-8\,^{\circ}$C, kann daher mit etwas Winterschutz im Freien kultiviert und abgeerntet werden. Er gedeiht aber ohne Zusatzheizung auch im Gewächshaus. Wie Endivien sind die Köpfe lange lagerfähig und im Geschmack kräftig, leicht bitter. In lauwarmem Wasser wird der Geschmack milder. Kultur wie Endivien.

Schädlinge und Krankheiten
Schnecken, Echter Mehltau (s. S. 30).

Sorten z. B. 'Stamm Vatter', 'Kristallkopf', 'Jupiter F_1', 'Pluto'.

Winterportulak, *Montia perfoliata* (syn. *Claytonia perfoliata*)

Aussaatzeiten im Freien ganzjährig, unter Glas ab Mitte August/September bei kühlen Temperaturen (unter $12\,^{\circ}$C) bis Anfang April
Keimdauer 8 bis 15 Tage
Ertrag 2–3 kg/m^2
Kulturbeschreibung Der Winterportulak, auch Postelein oder Kubanischer Spinat genannt, gehört zu den problemlosen Füllkulturen, die im Gewächshaus immer gezogen werden können. Besonders interessant ist diese Pflanze, weil sie keinerlei Heizung benötigt und selbst bei starkem Frost keinen Schaden nimmt. Die Kultur ähnelt dem Feldsalat. Aussehen und Geschmack sind jedoch völlig unterschiedlich, mild und wie Spinat

Winterportulak ist frostbeständig und schmeckt wie Spinat.

schmeckend. Die Aussaat erfolgt in Reihen von 20 cm Abstand oder breitwürfig (0,5 g/m²). Saattiefe 1 cm. Den feinen Samen möglichst dünn ausbringen. Der Aufgang erfolgt sehr rasch, das Wachstum ebenfalls. Erntezeit erstmals nach ca. 6 Wochen. 3 bis 4 Ernten sind möglich, ähnlich wie beim Schnittsalat. Ernten Sie jedoch immer, bevor die Pflanzen blühen. Ausfallender Samen keimt wie Unkraut, auch an unerwünschten Stellen. Winterportulak kann man wie Salat oder Blattspinat zubereiten.

Zwiebeln (Salatzwiebeln), *Allium cepa*

Aussaatzeit   ganzjährig im Gewächshaus, vorzugsweise Anfang bis Ende August oder Ende Februar/März
Keimdauer   15 bis 25 Tage bei 10–20 °C
Kulturbeschreibung   Salat- oder Frühlingszwiebeln zählen zu den Kulturen, die am Rande mitlaufen. Man ißt sie jung, wenn sich der Zwiebelansatz zu verdicken beginnt mitsamt dem Laub, in pikante Soßen gestippt oder aber als Beimischung zu grünem Salat. Salatzwiebeln erhält man durch Aussaat, die möglichst dünn in Reihen von 20 cm Abstand erfolgt. Die Entwicklung geht anfangs langsam vor sich. Bei etwas Wärme kann jedoch bis zum Herbst noch eine Ernte erreicht werden. Bei ungeheizter Kultur setzt sie erst in den Frühjahrsmonaten April bis Mai ein.
Interessant ist auch das Antreiben von Steckzwiebeln in Kistchen oder Blumentöpfen, um das Schlottenlaub zu gewinnen. Das Treiben kann jederzeit während des Winters beginnen, sobald die Steckzwiebeln im Handel erhältlich sind. Man setzt sie dicht an dicht in eine mit Erde gefüllte Schale und hält sie in der Folgezeit feucht. Schon bald entwickelt sich das grüne Laub, das nach 4 bis 5 Wochen bei Temperaturen von 15–20 °C abgeerntet werden kann.

Salatzwiebeln gedeihen gut in Mischkultur mit Feldsalat.

Verfrühen in Gefäßen

Das Vortreiben in Gefäßen (Containern) lohnt sich insbesondere bei Chicorée, Frühkartoffeln und bei Erdbeeren.

Pflanzen, die in 10 l Plastikeimern untergebracht sind, verfügen über genügend Erdreich, um wachsen und gedeihen zu können, lassen sich aber leicht hin und her räumen und können ohne größere Störungen im Freiland weiterwachsen, wenn sie abgeerntet sind.

Chicorée, *Cichorium intybus*

Aussaat ca. 20. Mai
Keimdauer 12 bis 20 Tage bei 15–20 °C
Erntezeit während der Wintermonate, Dezember bis April
Kulturbeschreibung In den letzten Jahren sind Züchtungen auf den Markt gekommen »zum Treiben ohne Deckerde«. Diese Methode hat sowohl im Erwerbsanbau, als auch für den Hobbygärtner früher übliche Kulturmethoden überflüssig gemacht. Sie ist so leicht durchzuführen, daß sich ein Versuch mit diesem delikaten und sehr schmackhaften Wintergemüse auf jeden Fall lohnt. Geerntet wird dabei der neue Austrieb des folgenden Jahres und nicht etwa die Blattmasse, die während des Anzuchtjahres zwischen Mai und November entsteht. Diese Blätter sind ungenießbar bitter,

Chicorée-Wurzeln werden zunächst im Freien herangezogen (oben).

Durch Antreiben im Eimer erscheinen bald die neuen, delikaten Sprossen (unten).

während die neuen Schöpfe zart, knusprig und mild im Geschmack sind.

Benötigt wird zunächst ein Freilandbeet, auf dem der Samen Ende Mai in ca. 25 cm Abstand dünn in Reihen in eine Saatrille 1–1,5 cm tief ausgesät wird. Nach dem Aufgang lohnt sich das Verziehen auf etwa 10 cm Abstand, so daß sich bis zum Herbst genügend große, treibfähige Wurzeln mit dem idealen Durchmesser von 7–8 cm entwickeln können. Ende Oktober/Anfang November werden sie ausgegraben, das Laub bis auf einen Stumpf von 4–5 cm abgeschnitten. Nach kurzer Zwischenlagerung im Einschlag oder im Keller kann die Treiberei beginnen. Hierzu wird ein dunkler Plastikeimer benötigt, notfalls auch ein schwarzer Müllbeutel, in dem die Wurzeln dicht an dicht Platz finden. Ein paar Handvoll Torf auf dem Grund des Gefäßes, etwa 5–6 cm hoch angestautes Wasser, sowie eine Temperatur zwischen 15 und 25 °C sorgen für die richtige Treibatmosphäre. In einem 10 l Eimer finden etwa 25 Wurzeln Platz. Für den Bedarf einer Familie dürfte das genügen, es kann ja satzweise getrieben werden. Wer größere Mengen treiben möchte, kann sich auf Gewächshaustischen eine Treibvorrichtung schaffen mit Folie zum Abdichten und Holzbrettern als Umrandung. Wichtig ist nur, daß beides abgedunkelt werden kann, damit die Neutriebe die attraktive, cremegelbe Färbung behalten und nicht vergrünen. Es schadet nichts, wenn zu lange Wurzeln unten eingekürzt werden. Lediglich der Neutrieb darf nicht beschädigt sein. Je nach Treibtemperatur setzt die Ernte nach 4 bis 6 Wochen ein. Abgeerntete Wurzeln

Sieht Löwenzahn nicht sehr exotisch aus? Er läßt sich genauso antreiben wie Chicorée.

können nicht wieder verwendet werden, sie bilden bei neuem Austrieb nur lose Blätter.

Sorten Achten Sie darauf, daß Sie nur Sorten mit dem Vermerk »zum Treiben ohne Deckerde« kaufen, wie z. B. 'Magnum', 'Zoom', 'Carla' (rotweiß), alles F_1-Hybriden.

Ähnlich wie Chicorée läßt sich auch kultivierter **Löwenzahn** verfrühen. Die Aussaat erfolgt zwischen April und September. Ein günstiger Pflanzenabstand ist 20 × 25 cm. Pflanzen aus Frühjahrsaussaat lassen sich verfrühen, entweder im Container wie Chicorée, oder in dem man einfach über das Beet im Februar eine schwarze Folie zieht.

Frühkartoffeln,
Solanum tuberosum

Aussaat aus Samen möglich, aber ohne Vorteil. Pflanzenstart besser mit Knollen von 3–5 cm Durchmesser ab Ende Januar bis März

Erntemenge ein 10 l Container mit 2–3 Knollen erbringt zwischen 2,5 und 3,5 kg, je nach Sorte und Erntezeitpunkt.

Kulturbeschreibung Im Freiland setzt die Frühkartoffelernte, je nach Gegend, Anfang bis Mitte Juni ein. Jede Woche, in der die geschmacklich besonders wertvollen zarten Frühkartoffeln aus dem Gewächshaus früher zur Verfügung stehen, bedeuten daher nicht nur eine Befriedigung des Gaumens und des Ehrgeizes, sondern auch bares Geld, denn bekanntlich sind Frühkartoffeln nicht billig. Kartoffeln benötigen einen sehr durchlässigen, humosen, aber leichten Boden, der gut mit Nährstoffen versorgt ist. Da sie flach wurzeln, braucht das Gefäß nicht all zu tief zu sein, es genügen ca. 25 cm.

Solange sie kühl gehalten werden, treiben Kartoffelknollen nur sehr langsam an. Bei Temperaturen um 18–20 °C wird das Ruhestadium jedoch sehr schnell verlassen. Speisekartoffeln sind häufig mit keimhemmenden Mitteln behandelt, so daß für unsere Zwecke ausschließlich unbehandelte Saatkartoffeln in Frage kommen.

Kartoffeln sind sehr frostempfindlich. Wann die Kultur gestartet wird, hängt

Frühkartoffeln, im Eimer gezogen, sind eine lohnende Kultur für jedes Gewächshaus. Wenn die Kartoffeln blühen, beginnt die Ernte.

Gemüse unter Glas

Ein Eimer liefert genug Kartoffeln für ein bis zwei Mahlzeiten.

daher vor allem mit der Heizungsmöglichkeit zusammen. Etwa 4 Wochen Kulturzeit im Gewächshaus lassen sich leicht einsparen, wenn wir die Knollen am hellen Fensterbrett ohne Erde oder bereits in Töpfchen gesetzt antreiben. Nur ein heller Standort bringt gedrungene, kräftige Triebe hervor, die nicht bei der ersten Berührung abknicken. Die Kulturzeit vom Pflanzdatum an dauert ca. 10 Wochen. Für eine Ernte Anfang Mai liegt der Pflanztermin um den 20. Februar, das Antreiben der Knollen beginnt bereits am 15. Januar.

Die Pflanzerde erhält eine Düngerbeimischung pro 10 l Erde von 10 g Blauvolldünger und etwa 10 g Hornspänen. Etwa 6 Wochen nach dem Pflanzen wird einmal flüssig gedüngt (2 g Volldünger pro l Wasser), im Abstand von 14 Tagen ein weiteres Mal. Die Knollen werden mit Erde (8–10 cm) hoch bedeckt.

Temperaturen von 15 °C bei bedecktem Wetter und 20–22 °C bei Sonnenschein sind ideal.

Wenn Sie keine Eimer verwenden wollen, können Sie die Frühkartoffeln im Gewächshaus auspflanzen im Abstand von 25 × 30 cm. Mit einem kleinen Trick läßt sich die Ernte nicht nur zusätzlich verfrühen, sondern auch weitere Energie einsparen. Decken Sie das Beet mit schwarzer, geschlitzter Folie ab. Schneiden Sie die Folie alle 25 cm kreuzförmig ein und setzen Sie nun die vorgezogenen Kartoffeln an dieser Stelle ein. Die Wurzeln entfalten schon bald ein freudiges Wachstum. Eine Überraschung bietet sich dann zur Erntezeit. Direkt unter der Folie liegen alle erntefähigen Knollen aufgereiht, griffbereit zum Einsammeln.

Sorten 'Christa', 'Attika' und 'Holländische Erstlinge' sind bewährte Züchtungen.

Erdbeeren, *Fragaria* × *ananassa*

Erntezeit   im Gewächshaus ab April bis Juni je nach Treibtemperatur
Erntemenge   pro Pflanze ca. 250 g
Kulturbeschreibung   Das Vortreiben der leckeren Erdbeeren gehört zu den Freuden eines Gewächshausbesitzers. Genügend Platz für die anfangs nicht frostempfindlichen Pflanzen steht immer zur Verfügung. Der Energiebedarf muß nicht sonderlich hoch sein. Die Erntezeit verschiebt sich ohne Heizung lediglich näher an den Mitte Juni einsetzenden Freilandtermin.

In Beschreibungen wird häufig darauf verwiesen, daß sich einjährige Pflanzen für die Treiberei besonders gut eignen. Vermutlich, weil sie sich in kleinen Töpfen schnell und kräftig bewurzeln und mehrere Pflanzen dicht an dicht aufgestellt werden können. Ich hatte jedoch auch mit kräftigen

Erdbeeren aus eigener Ernte zu ungewöhnlicher Jahreszeit.

2jährigen Pflanzen guten Erfolg, die mir einen eher noch höheren Ertrag lieferten. 1jährige Pflanzen gewinnt man durch einen kleinen Trick: Schon vor der Ernte entwickeln Erdbeeren Ausläufer. Bereits die ersten von ihnen können Sie in 10 cm Töpfe leiten, die Sie zwischen den Reihen in der Erde versenkt und mit torfreicher Pflanzerde oder Kompost versehen haben. Ein kleines Häufchen Erde oder ein kleiner Stein beschweren die Pflanzen, so daß sie im Topf sehr bald Wurzeln bilden. Auch ein Stück dickerer Draht leistet als »Anker« entsprechende Dienste. Wenn die Ausläuferpflanzen gut bewurzelt sind, erfolgt die Trennung von der Mutterpflanze und das Umtopfen in einen mindestens 14 cm breiten Topf. Dicht an dicht gestellt, verbleiben sie nun bis zum Frost auf einem Freilandbeet oder im Frühbeetkasten und werden in dieser Zeit 2–3mal mit flüssigen Volldünger überbraust (3 g/l). Erdbeeren benötigen Temperaturen unter 5 °C, am besten etwas Frost, damit sich Blütenanlagen bilden. Es ist außerordentlich wichtig, daß die Pflanzen von Anfang an im Juli/August oder September kräftig wachsen und genügend Blütenanlagen ansetzen. Vor stärkeren Frösten schützt man sie durch eine leichte Auflage von Stroh, Laub oder durch aufgelegte Frühbeetfenster.

Ab Mitte Dezember stellen wir die Töpfe in ein beheiztes Gewächshaus bei etwa 10 °C Temperatur, wobei alsbald eine kräftige Durchwurzelung einsetzt. Der richtige Zeitpunkt, die Töpfe in ein unbeheiztes Haus zu räumen, ist Mitte bis Ende Februar gekommen. Die Pflanzen sollten so hell wie möglich stehen und in dieser Zeit keinesfalls austrocknen. Der hohe Wasserbedarf wird gedeckt durch Untersetzer, aus denen sie die benötigte Feuchtigkeit aufsaugen. Ab Februar kann auch bereits eine leichte Düngung (1–2 g Volldünger pro l Gießwasser) beigefügt werden. Luftbewegung und nicht zu dichter Stand (ideal sind dafür Hängebretter) verhindern den Grauschimmelbefall. Schon bald kann die Temperatur etwas steigen (15 °C sind ideal) und die Blüte setzt ein. Um diese Jahreszeit (und schon gar nicht im Gewächshaus) fliegen natürlich kaum Bienen, so daß die Hilfe des Menschen mit dem Pinsel oder durch häufiges Rütteln der Pflanze wie bei Tomaten erforderlich wird.

Krankheiten Grauschimmel *(Botrytis)*. Kranke Blätter sofort entfernen, bereits während der Blüte 2–3mal mit einem zugelassenen Pilzbekämpfungsmittel spritzen.

Abgeerntete Pflanzen werden wieder im Freiland ausgepflanzt für eine weitere Ernte im nächsten Jahr.

Sorten Nur frühe Züchtungen, wie z. B. 'Gorella', 'Regina', 'Marieva' und die mittelfrühe 'Senga Sengana'.

Gewürzkräuter unter Glas

Anspruchslose Kräuter

Die meisten unserer Gewürzkräuter, die im Freien gedeihen, lassen sich auch unter Glas an einem hellen Standort ganzjährig problemlos kultivieren.

Bohnen- oder Pfefferkraut, Borretsch, Kerbel, Majoran, Pimpinelle, Portulak, Sauerampfer, Zitronenmelisse und Winterheckezwiebeln sind für die Gewächshauskultur geeignet. Sie alle lassen sich aus Samen anziehen. Interessant sind auch die ausdauernden Arten Rosmarin (frostfreie Überwinterung notwendig), Oregano und Estragon (der französische, nur aus Stecklingen vermehrbare, ist besonders würzig!).

Kräuter mit besonderen Ansprüchen

Brunnenkresse, *Nasturtium officinale*

Brunnenkresse ist ein Heil- und Gewürzkraut, das einen schmackhaften Salat ergibt, mit streng pikantem Geschmack, ähnlich Gartenkresse. Sie wird auch zum Würzen von Blattsalaten, Quark, Gemüsesäften benutzt. Brunnenkresse ist eigentlich eine Wasserpflanze, die wild in Bächen und Flüssen vorkommt. Sie eignet sich jedoch auch zur Kultur in gestautem Wasser. Hierfür einen Balkonkasten oder ein anderes dichtes Gefäß bis 2 cm unter dem Rand mit Erde füllen, den feinen Samen darauf dünn verteilen und ständig feucht halten bis zur Keimung, anschließend mit Wasser füllen bis zum Rand. Bei frostfreier Kultur ganzjährig nutzbar.

Dill, *Anethum graveolens*

Dieses bekannte Würzkraut für Fischgerichte, Salate und zum Gurkeneinlegen wird während des Winters gerne im heizbaren Gewächshaus kultiviert. Dill verträgt keinen Frost. Die Entwicklungszeit von der Aussaat bis zur Ernte bei 25 cm bis 30 cm Höhe beträgt 6, im Winter 10 bis 11 Wochen. Gewöhnlicher Dill entwickelt unter Treibbedingungen nicht genügend Geschmack, daher auf besondere Sorten achten, z. B. 'Dukat', 'Sari', 'Sperl. Elefant', 'Tetra-Dill', 'Vierling'.

Petersilie, *Petroselinum crispum*

Es gibt mooskrause und glatte Sorten, wobei die glatte Petersilie vor allem in Bayern bevorzugt wird. Sie ist geschmacklich intensiver. Die Aussaat im Gewächshaus in Reihen von ca. 20 cm Abstand ist möglich. Da die Entwicklung aber ziemlich lange dau-

Ein Kräutergarten in Fertigerde-Säcken. Im Spätherbst werden sie ins Haus geräumt.

ert, ist es interessanter, im Herbst entwickelte Freilandpflanzen ins schwach geheizte Gewächshaus zu bringen und sie während des Winters zu treiben. Die Pflanzen werden mit genügend Wurzelballen ausgegraben und in Töpfe eingesetzt oder aber in einem Grundbeet dicht an dicht ausgepflanzt. Bei Temperaturen zwischen 5 und 10°C erscheinen während des ganzen Winters neue Blättchen. Nach jedem Schnitt wird mit 2 g Volldünger pro Liter flüssig nachgedüngt.

Zur Verfrühung mit der Ernte im März/April/Mai sät man in den Monaten Dezember bis Februar den Samen ziemlich dicht in flache Kisten oder Töpfe und bedeckt ihn nur leicht mit Erde. Während der Keimung, die etwa 3 Wochen in Anspruch nimmt, gut feucht halten. Die weitere Entwicklung geht bei 10–15°C zügig voran. Sobald sich die zunächst glatten Blättchen zu krausen beginnen, wird geerntet.

Zitronenmelisse, Thymian, Bergbohnenkraut, Petersilie, Borretsch, Bohnenkraut, Schnittlauch (von unten nach oben).

Schnittlauch,
Allium schoenoprasum

Die Aussaat von Schnittlauch im Gewächshaus ist wegen der langen Anzuchtdauer, die über 10 Monate in Anspruch nimmt, nicht interessant. Viel eher dagegen das Treiben von Ballen, die im Freiland herangezogen und im Herbst ausgegraben werden. Wichtig ist dabei, daß diese Pflanzen ab Anfang August keinen Dünger mehr erhalten, im September/Oktober ausgegraben werden. Die Ballen sollen, auf einem Haufen liegend, gut durchtrocknen, damit das alte Blattwerk abstirbt und die Nährstoffe in die Wurzelballen einziehen. Dabei schadet es nichts, wenn sie dem Frost

ausgesetzt sind, im Gegenteil, der neue Austrieb wird dadurch gleichmäßiger. Je nach Bedarf holt man dann die Ballen ins Haus und übergießt sie anfangs einmal mit 40–50° warmen Wasser, um die Vegetation anzuregen. Je nach Treibtemperatur weniger oder schnell entwickeln sich die neuen Austriebe, die dann während des Winters mehrfach geerntet werden können. Für die Aussaat treibfähiger Ballen wird Ende März/Anfang April in einem Kistchen ausgesät. Den Samen nur dünn bedecken und nur frisches Saatgut verwenden. 5 bis 6 Wochen nach der Aussaat faßt man mehrere Pflanzen (10–15) pro Pflanzstelle in einem Büschel zusammen

Gartenkresse zählt zu den schnellwachsenden Kulturen.

und pflanzt sie im Abstand von etwa allseits 25 cm aus. Während des Sommers benötigt der Schnittlauch reichlich Düngung.

Eine interessante Variante ist der **Knoblauch-Schnittlauch** mit flachen, porreeähnlichen Blättern und weißen Blüten, der wie Knoblauch schmeckt und riecht. Er wird ähnlich wie Schnittlauch kultiviert, entwickelt jedoch keine festen Ballen.

Gartenkresse und Senf (Gelbsenf), (*Lepidium sativum* und *Sinapis alba*)

Die Kultur auf Grundbeeten in Reihen von ca. 10 cm Abstand ist natürlich möglich. Interessant ist aber auch die Schnellkultur auf Vliespapier, Sand oder in im Handel erhältlichen Keimgefäßen als Hydrokultur. Wer im Abstand von 8 bis 14 Tagen aussät, hat ständig frische Kresse zum Würzen, für Salate oder für Suppe zur Verfügung. Wie die Kresse enthält auch der Senf viel Vitamin C und ist besonders schmackhaft. Bei Zimmertemperatur (18–22 °C) wird der Samen dicht an dicht ausgesät und reichlich befeuchtet. Innerhalb von wenigen Tagen entwickeln sich die grünen Keimlinge, die nach etwa einer Woche bereits zur Ernte anstehen. Mit einem Kamm lassen sich die Samenhäutchen auf den Kresseblättern leicht entfernen. Bei Senf erübrigt sich diese Maßnahme, er wächst sofort erntefertig heran.

Exotische Früchte und Weinreben

Weinreben, Feigen und Kiwis gedeihen auch im unbeheizten Gewächshaus. Zitrusfrüchte, Tomatenbaum und Passionsfrucht müssen frostfrei überwintern. Allen gemeinsam ist jedoch ein relativ hoher Platzbedarf, weniger im Winter als im Sommer, weshalb Sie von vornherein die Möglichkeit ins Auge fassen sollten, diese Arten in Kübel zu pflanzen und während des Sommers ins Freie zu räumen.

Zitrusfrüchte

Schon seit Jahrhunderten üben Zitrusfrüchte eine große Faszination auf viele Pflanzenliebhaber aus, vereinen sie doch mehrere Eigenschaften in sich: ein attraktives, fremdländisches Aussehen, hübsche, wohlriechende Blüten, die noch dazu über das ganze Jahr verteilt erscheinen. Und obendrein wohlschmeckende Früchte, von denen jedermann weiß, daß sie in unseren Breiten nicht gedeihen. Immer wieder werden daher viele Versuche gestartet, Zitronen, Apfelsinen, Grapefruit oder Mandarinen aus Kernen heranzuziehen. Die anfängliche Begeisterung schlägt aber bald in Enttäuschung um, denn ohne Veredelung blühen die Pflanzen zwar, setzen jedoch keine Früchte an. Als Veredelungsunterlage dient die Wildzitrone *(Poncirus trifoliata),* die hier so gut wie nirgends kultiviert wird. Die Veredlung ist zudem schwierig. Die Anzucht der fruchttragenden Bäumchen kostet viel Zeit und Geld, weshalb das Angebot in Gartencentern und Gärtnereien bislang äußerst spärlich aus-

Selbstgeerntete Orangen sind besonders saftig und süß.

fällt. Meist beschränkt es sich auf die leicht zu kultivierende Zier- oder Calamondin-Orange, × *Citrofortunella microcarpa.* Die zahlreich erscheinenden Früchte dieser Zwergorange schmecken etwas bitter, sind aber eßbar. Aus 1 kg Früchten und 1 kg Gelierzucker kann man eine sehr beachtliche Orangenmarmelade selbst herstellen.

Zitronen

Interessanter ist schon das Heranziehen von echten Zitronen *(Citrus limon),* die auch fruchten, aus Stecklingen. Mitunter gibt es Gelegenheiten, an Triebspitzen zu kommen. Die Bewurzelung gelingt mit Hilfe von Hormonpräparaten (z. B. Bio-Wurzel-

83

Zitronen fruchten relativ schnell aus Stecklings-Vermehrung.

Wunder) in Steinwolle und mit einer Wärmeplatte bei gleichbleibend hoher Temperatur von 22–26 °C relativ sicher. Bereits innerhalb von 2 bis 3 Jahren können solche Stecklinge zu fruchtenden Pflanzen herangewachsen sein.

Pomelo

Mitunter werden auch Pomelo *(Citrus maxima)* angeboten. Sie ähneln einer Grapefruit, gedeihen verhältnismäßig leicht und kräftig und bringen Früchte hervor, die größer und dickschaliger sind als die der Grapefruit, ihr sonst aber im Aussehen und im Geschmack ähneln.

Kumquat

Kumquat *(Fortunella margarita),* die chinesische Orange, trägt eine Menge etwa 3 cm langer und ca. 2 cm breiter Früchte mit dünner Schale und sehr aromatischem, bittersüßem Geschmack. Sie werden mit der Schale gegessen und sind im ausgereiften Zustand auch roh genießbar. Sie geben außerdem eine hervorragende Marmelade. Der kleine Strauch blüht überreichlich und wird etwa 1,50 m hoch.

Orange, Mandarine und auch die Kumquat benötigen als Kübelpflanze 1–2 m² Platz. Zitronen, Pomelo und Grapefruits dagegen erreichen bei zusagenden Verhältnissen schnell Durchmesser von 1,5–2 m.

Allen Zitrusfrüchten ist gemeinsam: sie überwintern am besten bei möglichst niedrigen Temperaturen, vertragen jedoch keinen Frost. 5–8 °C sind ideal, bei mehr als 15 °C treiben die Pflanzen zu früh aus und erhalten nicht die nötige Ruhepause, um im kommenden Frühjahr reichlich zu blühen. Sie dürfen während dieser Zeit nicht austrocknen, ebenfalls nicht während des Sommers, sonst beantworten sie die Störung mit Abwerfen der Blüten, der angesetzten Früchte und auch der neuen Blättchen. Neu gekaufte Pflanzen sollten Sie erst einmal tauchen, damit sie sich richtig voll Wasser saugen, denn häufig sind sie durch den Transport ballentrocken und damit bereits geschädigt. Alle Zitrusfrüchte benötigen einen sauren Boden. Bei zu hohem Kalkgehalt zeigen sie aufgehellte chorotische Blätter. Der Schaden läßt sich jedoch durch Zugabe von Eisenchelat (Fetrilon), ins Gießwasser oder auf die Erde gestreut, innerhalb kürzerer Zeit beheben. Die Bäumchen sind selbstfruchtbar, setzen jedoch nur Früchte an, wenn alle Wachstumsfaktoren stimmen. Meistens regelt die Pflanze selbst, wie viele Früchte sie tragen kann. Dennoch, bei ausbleibendem Fruchtansatz können Sie mit dem Pinsel schon einmal selbst »Biene« spielen. Während der Sommermonate sind die Bäumchen für reichliche Düngung, wöchentlich 3 g Volldünger pro l, dankbar. Nach August nicht mehr düngen.

Bananen, *Ensete ventrico-sum* (syn. *Musa ensete*)

Bananen verleihen jedem Gewächshaus eine attraktive tropische Atmosphäre. Sie sind als Kübelpflanze
wertvoll. Wer Glück hat, kann sogar
3 bis 4 Jahre nach der Aussaat bei
reichlicher Nährstoffversorgung Blüten und Fruchtstände erzielen.
Bananenpflanzen lassen sich leicht
aus Samen heranziehen, wobei die in
den hiesigen Samenfachgeschäften
angebotenen Arten *Ensete ventrico-
sum* (= Zierbanane, Höhe 1,50–2 m)
und *Musa uranoscopas,* syn. *M. coc-
cinea* (= rote Minibanane, Höhe
1–1,50 m) bereits dem begrenztem
Raumangebot angepaßt sind. Von der
schnell fruchtenden *Musa acuminata*
(Höhe ca. 2 m) sind Schößlinge in unseren Breiten kaum zu beschaffen.
Die haselnußgroßen Samen erreichen
von vornherein nur eine Keimfähigkeit
von 40–50%. Deshalb immer mehrere
Samen aussäen und die Keimung
durch vorsichtiges Anfeilen der
Schale oder durch Vorquellenlassen
in 30 °C warmem Wasser, 2 bis 3 Tage
lang, fördern. Anschließend in ein mit
nährstoffreicher, lockerer Erde gefüll-
tes Gefäß pikieren, kräftig angieße
und mit Folie oder einer Glasplatte abdecken. Bei Temperaturen um 30 °C
keimen sie nach und nach innerhalb
von 2 bis 12 Wochen. Die Pflanzen benötigen reichlich Wasser und Nährstoffe. Mehrfaches Umtopfen zahlt
sich aus, bis die endgültige Kubel-
größe von 50–60 cm Innendurchmes-
ser erreicht ist. Während des Sommers können Bananen an einem windgeschützten Platz im Freien verbleiben. Temperaturen bis nahe an die
0 °C-Grenze werden vertragen.

Mit etwas Geduld fruchten Zwerg-Bananen
nach drei bis vier Jahren.

Feigen, *Ficus carica*

Die eßbaren Feigen, von denen es
grüne und blaue Sorten gibt, vertragen durchaus einigen Frost. Hin und
wieder kann man sie im Weinbauklima
auch im Freien ausgepflanzt finden,
wo sie allerdings wegen der begrenzten Wachstumszeit selten reif werden.
Die Kultur im Kübel und die Überwinterung im Gewächshaus haben daher

Eßbare Feigen liefern Früchte in großer Zahl,
selbst im unbeheizten Gewächshaus.

Exotische Früchte

durchaus ihren Sinn, zumal die Pflanze selbst durch ihre Blätter und die heranreifenden Früchte bereits eine attraktive Erscheinung ist. Die Fruchtreife dauert, wie bei den Apfelsinen, in unserem Klima über 1 Jahr. Die Ernte liegt im Juni/Juli und September. Da die Büsche sehr großen Umfang erreichen und bis 6 m hoch werden können, ist ein entsprechender Rückschnitt unerläßlich. Die anfallenden Triebspitzen, auf eine Länge von 15–20 cm geschnitten, bewurzeln bei etwa 25–30 °C im Vermehrungsbeet relativ schnell. Besonders gut eignen sich vor allem vorjährige Triebe, die im Spätwinter geschnitten werden. Auch die eßbare Feige benötigt reichliche Flüssigdüngung und kann den Sommer über im Freien verbringen.

Kiwifrüchte reifen erst im Spätherbst aus.

Kiwi, *Actinidia chinensis*

Die in letzter Zeit so beliebt gewordenen Kiwi-Früchte stammen von einer Kletterpflanze aus Neuseeland, die in unserem Klima im Freien nur in günstigen Jahren reife Früchte hervorbringt. Zur Kultur genügt ein kaltes, nicht beheiztes Gewächshaus. Während der Blütezeit, in der die Pflanzen stark spätfrostgefährdet sind, kann es nötig sein, Frostschutzmaßnahmen zu ergreifen. Bis auf die neueste Sorte 'Jenny' besitzen Kiwis männliche und weibliche Pflanzen. Um Früchte zu erzielen, müssen daher einer männlichen mindestens eine oder mehrere weibliche Pflanzen zugeordnet werden. Die Triebe breiten sich am besten fächerförmig verteilt an Spalieren aus. Zur Erntezeit im November bis Anfang Dezember werden evtl. noch-

mals Frostschutzmaßnahmen erforderlich. Man kann die Früchte jedoch rechtzeitig abnehmen und im Keller trocken lagernd zur endgültigen Reife bringen. Die Kultur als Kübelpflanze ist zwar möglich, aber etwas umständlich, weil die 3–4 m langen Triebe ein umfangreiches Gitter benötigen.

Kiwis benötigen besten fruchtbaren, keinesfalls kalkhaltigen Boden mit hohem Torfanteil, z. B. 50% Plantahum und 50% sandige Komposterde mit reichlich Hornspänen vermischt, zusätzlich organisch-mineralischen Dünger und während des Wachstums Flüssigdüngung mit 2 g Volldünger pro l alle 14 Tage. Die üppig rankenden Pflanzen mit großen, hübschen, duftenden Blüten benötigen ohne Unterbrechung sehr viel Wasser. Die Ernte beginnt ab dem 2. bis 3. Standjahr.

Ein konsequenter Schnitt begrenzt das Wachstum und fördert die Fruchtreife. Im Februar/März wird ausgelichtet bis auf wenige Triebe, die das Spa-

Exotische Früchte

lier formen. Die Fruchtbildung erfolgt nur an Seitenzweigen, und zwar an der Basis des Frühjahrsaustriebes. Eine gute Verzweigung fördert daher den Fruchtansatz. Während des Sommers wird ausgelichtet. Die Triebe, an denen Früchte hängen, kappt man nach dem 5. bis 6. Blatt. Nach 3 bis 4 Jahren werden die Fruchtzweige durch neue ersetzt, die man sich rechtzeitig heranziehen muß. Die Bestäubung erfolgt durch Hummeln oder Bienen, falls nötig, mit dem Pinsel nachhelfen.

Sorten   'Hayward' ist eine stark wachsende Züchtung. 'Jenny' ist eine neue, selbstfruchtende Sorte – das Pflanzen von Pärchen entfällt.

Baumtomate (Tamarillo), *Cyphomandra betaceae*

Dieses mit der Tomate verwandte Gewächs stammt aus den Anden und entwickelt nach rasantem Anfangswachstum vom 2. Jahr an zahlreiche, eiförmige Früchte, die in der Reife leuchtend rot gefärbt sind und dann tatsächlich Tomaten ähneln. Der Geschmack ist jedoch völlig anders und eher zwischen Kiwi und Maracuja angesiedelt, fruchtig und angenehm. Die bittere Außenhaut ist unbedingt abzuziehen. Die Frucht wird ausgelöffelt. Baumtomaten sind Selbstbestäuber. Sie kommen während des Winters mit frostfreien Temperaturen aus. Während des Sommers stehen sie am besten im Freien, allerdings an einem sehr windgeschützten Platz, weil die großen Blätter gefährdet sind. Das Längenwachstum läßt sich reduzieren durch Schnitt vor dem Einräumen im Spätherbst. Während der Überwinte-

Die Baumtomate wächst schnell zu einer dekorativen Kübelpflanze heran.

rung brauchen die Pflanzen kaum Wasser.
Die Anzucht aus Samen ist nicht schwieriger als die Anzucht einer Tomate. Die Aussaat ist ganzjährig möglich, wird jedoch am besten in die Monate Februar und April gelegt bei 18–25 °C. Bald nach dem Aufgang mehrmals pikieren und in Töpfchen verpflanzen, bis die endgültige Kübelgröße von etwa 40–50 cm Durchmesser erreicht ist.

Die Passionsfrucht erfreut mit dekorativen Blüten und wohlschmeckenden Früchten.

Passionsfrucht (Maracuja), *Passiflora edulis*

Die in Brasilien beheimatete *Passiflora edulis,* deren Früchte als Maracuja bekannt und beliebt sind, wird in vielen tropischen und subtropischen Gebieten zur Saftgewinnung kultiviert. Die Früchte können auch wie ein Frühstücksei ausgelöffelt werden. Sie sind sehr aromatisch und schmackhaft. Im Gewächshaus gedeiht die Maracuja ausgezeichnet. Die Schwierigkeit ist bislang nur, an Samen zu kommen. Sie können jedoch auch in Delikateßgeschäften Maracujafrüchte kaufen, den Samen trocknen und sogleich aussäen. Die stark rankende Pflanze mit 2–4 m langen Trieben entwickelt im Vergleich zu den als Zierpflanzen bekannten Passionsblumen kleine, aber trotzdem sehr hübsch geformte und gefärbte grünliche Blüten von etwa 6 cm Durchmesser und anschließend zahlreiche, durch Selbstbestäubung entstehende Früchte. Im 2. und 3. Jahr beginnt der Fruchtansatz. Die Keimung vollzieht sich bei einer hohen Temperatur von 25–28 °C. In-

nerhalb von 4 Wochen erscheinen die Sämlinge, die zunächst in Töpfen herangezogen und später in einen Kübel von 30–40 cm Durchmesser oder im Grundbeet ausgepflanzt werden. Wichtig ist, daß die Wintertemperatur nicht unter 10 °C absinkt. Während der Wachstumsperiode sind die Pflanzen für gelegentliche Düngergaben dankbar. Die Früchte zeigen ihr Reifestadium an, wenn sie sich blau verfärben und die Außenhaut einschrumpft.

Wein, *Vitis vinifera*

Der Wein hat Gewächshausbesitzer schon immer gereizt. Bekannt sind die sogenannten Brüsseler Trauben, großfrüchtige Sorten, z. B. 'Black Hamburg' und 'Black Alicante', die bis nach dem 2. Weltkrieg in belgischen und holländischen Gewächshäusern gezogen wurden. Wegen des Platzbedarfes empfiehlt sich die Pflanzung an der Stirnseite des Hauses oder besser noch außerhalb des Gewächshauses, wobei der Trieb unter dem Fundament hindurch oder durch einen Einlaß ins Innere geleitet und am First entlang gezogen wird. Auf diese Weise stört er am wenigsten. Wein ist selbstfruchtbar, so daß eine Pflanze genügt und auch keine künstliche Bestäubung erfolgen muß. Man kann den Wein auch in Kübeln ziehen, wobei ein Mindestdurchmesser des Gefäßes von 40–50 cm ratsam ist. Der Wein benötigt keine oder nur leichte zusätzliche Heizung, vor allem zur Verfrühung des Austriebes und um die Früchte richtig ausreifen zu lassen. Als Schutz gegen die gefürchtete Reblaus wird auf einer resistenten Unterlage veredelt. Fertige Pflanzen gibt es in Baumschulen oder in Versandgärtnereien. Der Wein ist als Humusfresser bekannt, deshalb muß schon die Pflanzerde neben lehmigen Bestandteilen zu $\frac{1}{3}$ aus Kompost und $\frac{1}{3}$ aus gedüngtem, mit Nährstoffen versehenem Torf bestehen. Die Pflanzen entwickeln sehr lange Wurzeln, die sich gern im Erdreich ausbreiten, deshalb also die Pflanzung außerhalb des Gewächshauses. Während des Winters schneidet man die zahlreichen Triebe auf wenige Hauptranken (Kordons) von maximal 60–65 cm Länge zurück. Jedes Auge ergibt einen Trieb. Je weniger von ihnen verbleiben, desto mehr Kraft kommt den einzelnen zugute. Ideal sind 2–3 Triebe. Über dem Auge läßt man einen Zapfen von 1–2 cm Länge stehen, um ein Austrocknen des Triebes zu vermeiden.

Sommerschnitt: Nach dem Austrieb, dem Blühen und Ansetzen der Trauben müssen im Sommer alle Seitentriebe (Geiztriebe) nach dem 1. oder 2. Blatt (Scheren-Länge) abgeschnitten werden, damit die Trauben genügend Licht und Luft zur weiteren Entwicklung erhalten. Auch dem gefürchteten Mehltaubefall wird auf diese Weise vorgebeugt. Die Pflege beschränkt sich auf sehr reichliche Wassergaben, den Schnitt und das Abdecken des Wurzelbereiches mit einer ca. 10 cm hohen, mit organischen Nährstoffen gedüngten Torf- oder Komposterdeschicht, die im

Wein zählt zu den begehrtesten und ältesten Gewächshauskulturen.

Im Container kann er einige Jahre verbleiben. Ausgepflanzt entwickelt er sich kräftiger.

Exotische Fr

Durch Ausdünnen erreicht man größere Früchte.

Frühjahr in die oberen Erdschichten eingearbeitet wird.

Besonders große Früchte erreicht man durch das Ausdünnen der Früchte mit einer spitzen Schere, wenn die Beeren knapp Erbsengröße erreicht haben. Die Weinblätter sind gegen zu hohe Temperaturen empfindlich und können verbrennen, deshalb sollen die Drähte mit den daran befestigten Ranken in einem Mindestabstand von 25 cm vom Glas angebracht werden. Reichliche Lüftung ist außerdem angebracht. An heißen Tagen wird zudem überbraust.

Schädlinge und Krankheiten Grauschimmel *(Botrytis)* und Mehltau müssen rechtzeitig bekämpft werden. Schildläuse erfordern viel Aufmerksamkeit.

Die Anzucht von Sommer- blumen und Stauden

Zu den wichtigsten Motiven für die Anschaffung eines Gewächshauses gehört die Vorkultur von Jungpflanzen für den Garten, insbesondere aber die der Sommerblumen, die bereits blühend oder kurz vor der Blüte nach den Eisheiligen ins Freie gesetzt werden sollen.

Über die wichtigsten Arten gibt die nachfolgende Tabelle Auskunft, wobei diejenigen Sommerblumen ausgeklammert sind, bei denen die Direktsaat ins Freie auf das endgültige Beet üblich ist und auch diejenigen, die zu den sogenannten 2jährigen gehören, deren Anzucht bereits in Juni/Juli oder August des vorher folgenden Jahres vorwiegend im Freien erfolgt.

Für die meisten Arten dieser Gruppe gilt, daß sie relativ niedrige Wärmeansprüche stellen und eine Aussaat vor Mitte März keine Vorteile erbringt. Es genügt daher bereits ein relativ kleiner Bereich im Gewächshaus, in dem Temperaturen von 15–22 °C gehalten werden können, wie z. B. ein heizbares Vermehrungsbeet, ein selbstgebauter Kasten mit eingelegtem Heizkabel oder eine elektrische Heizplatte. Sie verhelfen den Sämlingen zum Start. Nach dem Aufgang, in den meisten Fällen Anfang April, sind die Außentemperaturen und das einfallende Licht ohnehin bereits so günstig, daß eine Zusatzheizung genügt, um den Pflanzen über kritische Zeiten gut hinwegzuhelfen.

Eine zweite Gruppe mit Vertretern wie z. B. Petunien, *Begonia*-Semperflorens-Hybriden oder Ziertabak stellt höhere Ansprüche, die nur mit einem

Sommerblumen setzen farbige Akzente im Garten. Gazanien blühen unermüdlich.

temperierten Gewächshaus oder einem Wintergarten befriedigt werden können. Für sie alle gilt die Beachtung der Regeln, wie sie unter Jungpflanzenanzucht aus Samen auf Seite 36 aufgeführt sind.

Schnittblumen aus Samen, Knollen und Stecklingen

Die Ringelblume *(Calendula)* und andere leicht blühende Sommerblumen, wie z. B. Kornblumen *(Centaurea cyanus)*, einjährige Chrysanthemen *(Chrysanthemum segetum* und *Chrysanthemum coronarium)*, Seidenmohn *(Papaver rhoeas)* und Bechermalven *(Lavatera trimestris* 'Silver Cup', rosa, und 'Mont Blanc', weiß) sowie die Venidie *(Venidium fastuosum)* und andere können mit wenig Aufwand an Platz und Energie als Schnittblumen

91

Zierpflanzen unter Glas

Anzucht von Sommerblumen

Deutscher Name	Botanischer Name	Optimale Keimtemperatur in °C	Keimdauer in Tagen
Aussaat Anfang Januar bis Ende Februar			
Leberbalsam	*Ageratum houstonianum*	18–21	8–14
Löwenmaul	*Antirrhinum majus*	15–20	8–24
Bärenohr	*Arctotis*-Hybriden	18–22	10–24
Begonien: Eis-, Girlanden-, Knollenbegonien	*Begonia*-Semperflorens-Hybr., *Begonia*-Hybride 'Illumination', *B.*– Knollenbegonien-Hybriden	20–25	10–14
Hahnenkamm	*Celosia argentea*	18–22	8–16
Glockenrebe	*Cobaea scandens*	18–22	14–20
Buntnessel	*Coleus*-Blumei-Hybriden	20–25	8–16
Dahlie	*Dahlia*-Hybriden	18–22	8–16
Zwerg-Rittersporn	*Delphinium grandiflorum*	*18–22*	*12–20*
China-Nelke	*Dianthus chinensis*	18–22	8–16
Mittagsgold	*Gazania*-Hybriden	18–22	10–20
Roseneibisch	*Hibiscus moscheutos*	20–22	14–24
Fleißiges Lieschen	*Impatiens walleriana*	20–22	14–20
Männertreu	*Lobelia erinus*	20–22	10–14
Ziertabak	*Nicotiana* × *sanderae*	20–22	8–14
Bartfaden	*Penstemon barbatus*	15–20	10–20
Pelargonie, »Geranie«	*Pelargonium*-Zonale-Hybriden	20–22	14–20
Petunie	*Petunia*-Hybriden	18–20	10–20
Blauer Salbei	*Salvia farinacea*	18–22	8–14
Feuersalbei	*Salvia splendens*	20–25	8–20
Aschenblume, Cinerarie	*Senecio bicolor*	18–20	8–14
Studentenblume	*Tagetes*-Erecta-u.*T.*-Patula-Hybr.	18–20	8–12
Eisenkraut	*Verbena*-Hybriden	18–20	10–18
Aussaat März bis April			
Sommervergißmeinnicht	*Anchusa capensis*	15–20	8–14
Sommeraster	*Callistephus chinensis*	10–18	8–14
Ringelblume	*Calendula officinalis*	10–15	8–10

Bemerkungen

Samen nur andrücken, nicht bedecken

keimt unregelmäßig

sandige Erde verwenden, frühzeitig auf Läuse achten

den feinen Samen nur andrücken, nicht bedecken, 2 × pikieren

rankt, schon bald für Stäbe sorgen

2 × pikieren, den feinen Samen kaum bedecken

sandige Erde verwenden, luftig kultivieren

Samen mit heißem Wasser überbrühen

Samen nicht bedecken, Lichtkeimer!

4–6 Sämlinge jeweils in Töpfchen pikieren

möglichst kalkhaltige Erde verwenden

2 × pikieren

für Juniblüte spätestens Ende Januar aussäen

2 × pikieren, zuletzt in Töpfchen, den Samen nur leicht bedecken

keimt unregelmäßig, direkt in Töpfchen pikieren

sofort in Töpfe pikieren

sofort in Töpfe pikieren

auch Direktsaat ins Freie möglich

flach säen, immer feucht halten

auch Direktsaat ins Freie möglich

Zierpflanzen unter Glas

Deutscher Name	Botanischer Name	Optimale Keimtemperatur in °C	Keimdauer in Tagen
Spinnenpflanze	Cleome hassleriana (syn. C. spinosa)	18–20	14–20
Schmuckkörbchen	Cosmos sulphureus	18–22	14–20
Land-/Gartennelken	Dianthus caryophyllus	15–16	8–14
Mittagsblume	Dorotheanthus bellidiformis	12–18	10–14
Schnee-auf-dem-Berge	Euphorbia marginata	18–20	8–14
Zwerg-Margerite	Hymenostemma paludosum	10–15	10–14
Trichterwinde	Ipomoea tricolor	15–20	8–14
Sommerzypresse	Kochia scoparia	15–18	8–14
Zierkürbisse	Lagenaria-Arten	18–22	8–12
Trichtermalve	Lavatera trimestris	18–20	8–14
Duftsteinrich	Lobularia maritima	15–20	8–14
Levkoje	Matthiola incana	12–18	8–14
Sommerphlox	Phlox drummondii	18–22	14–20
Wunderbaum, Palma Christi	Ricinus communis	18–22	10–20
Venidie	Venidium fastuosum	20–24	14–20
Ziermais	Zea mays	18–22	8–14
Zinnie	Zinnia elegans	18–20	8–14

für eine zeitige Blüte vorgezogen werden. Interessant ist auch die Spätkultur mit Blütezeit in den Monaten Oktober bis Januar. Sie läßt sich mit einigen Frostschutzmaßnahmen leicht verwirklichen. Kalthausbedingungen reichen durchaus, wobei die Aussaat der genannten Arten für eine Frühjahrs-Ernte schon in den Herbstmonaten (Oktober/November) im Freien oder im Haus bei Temperaturen bis 20 °C erfolgt. Nach dem Aufgang pikiert man zunächst in 6 cm Töpfchen, wo die Pflanzen in sandig-nährstoffreicher Komposterde bis zum Auspflanzen und Antreiben verbleiben. Erst von diesem Zeitpunkt an sind Temperaturen von 10–15 °C, an sonnigen Tagen bis 22 °C, erforderlich. Gedüngt wird bald nach dem Eintopfen mit schwacher Düngerlösung. Bei Spätherbst- und Winteraussaat setzt die Blüte Mitte bis Ende April ein. Zur Weihnachtsernte liegt der letzte Sätermin um den 10. August bei Lavatera und Anfang September bei Calendula. Die zur Weihnachtszeit angebotenen, beliebten Nizzasträußchen enthalten Ringelblumen, Kornblumen und einjährige Chysanthemen.

Bemerkungen

benötigt durchlässige, sandige Erde

einzeln in Töpfe pikieren

3–4 Samenkörner pro Topf auslegen

mehrere Samen pro Topf aussäen

sandige Erde verwenden

direkt in Töpfchen säen (3 Korn pro Topf) oder pikieren

4–5 Samenkörner pro Topf, bald für Stäbe sorgen

auch Direktsaat möglich, nicht vor Anf. April säen

in 8 cm Töpfchen pikieren

mehrere Sämlinge pro Topf ergeben frühblühende Pflanzen

Saatgut beizen, grüne Sämlinge entfernen (blühen nicht gefüllt)

auf genügend hohe Keimtemperatur achten

2 Korn direkt in Töpfchen säen

frühzeitig auf Läusebefall achten

direkt in Töpfchen säen, 3–4 Korn pro Topf, nicht vor Anfang April aussäen

im Jungpflanzenbeet evtl. Umfallkrankheit rechtzeitig bekämpfen

Mehrjährige Chrysanthemen, *Dendranthema*-Grandiflorum-Hybriden (syn. *Chrysanthemum*-Indicum-Hybriden)

Die großblumigen Staudenchrysanthemen, auch Herbstastern genannt, gewinnt der Gärtner aus Stecklingen immer wieder neu. Die Mutterpflanzen sind jedoch auch bei den Kultursorten ziemlich frostverträglich, so daß sie mit etwas Torf- oder Laubabdeckung in einem unbeheizten Gewächshaus oder an einer geschützten Stelle im Freiland überwintern können. Die Triebspitzen in der Länge von 5–6 cm bewurzeln in einem Torf-Sand-Gemisch (s. S. 38) in der Regel leicht und schnell, so daß sie bereits nach 3 bis 4 Wochen bei 15–20 °C in einen nährstoffreichen, mit Torf oder Kompost angereicherten Boden gepflanzt werden können. Im Gewächshaus brauchen die Pflanzen Stäbe oder besser noch ein auf Beetbreite zurechtgeschnittenes Drahtgitter oder Netz als Halt. Die beste Zeit, die Stecklinge zu gewinnen, ist Ende Mai. Die Pflanzung erfolgt dann zwischen

Zierpflanzen unter Glas

Chrysanthemen als Folgekultur. Eine Petroleumlampe überbrückt leichte Fröste.

gen ein Strauß kleinerer Blüten entstehen, werden nur die unteren Seitenknospen ausgebrochen oder aber gar nichts verändert. Pflanzen, die den Herbst im Freien verbracht haben, müssen spätestens Anfang Oktober ins Haus, denn die Blüten vertragen allenfalls -1 bis $-2\,^{\circ}C$.

Gerbera, *Gerbera jamesonii*

Gerbera wurden überwiegend zum Schnitt kultiviert. Inzwischen gibt es neuere Sorten (z. B. 'Happypot' aus Japan), die so gedrungen wachsen, daß sie sehr hübsche Topfpflanzen abgeben. Es wurden auch Kreuzungen entwickelt, die sich bedingt zur Balkonbepflanzung im Freien eignen (z. B. 'Gerberella').

Hin und wieder gibt es in Gartencentern Jungpflanzen zu kaufen. Die gängigere und nicht schwierige Vermehrungsart ist jedoch die Anzucht aus Samen. Eine Aussaat im März/April bei ca. $20\,^{\circ}C$ in eine keimfreie, durchlässige Aussaaterde ergibt bereits ab August blühende Pflanzen. Gerbera ist in der Kultur mitunter etwas heikel, was vor allem mit der Struktur der Pflanzerde zusammenhängt. Sie muß außerordentlich luftdurchlässig und locker sein (z. B. Plantahum oder Einheitserde haben sich gut bewährt). Das Auspflanzen auf Beete kann ich nicht empfehlen. Besser sind 10 l Plastikeimer mit mehreren Löchern für freien Wasserabzug im Boden. Gerbera sind mit ihrer ausgeprägten Pfahlwurzel auch empfindlich gegen Störungen beim Umpflanzen in größere Töpfe, daher vorsichtig behandeln. Der Wurzelhals ist empfindlich gegen den Angriff von Bodenpilzen,

Juni und Juli. Man kann die Chrysanthemen entweder im Freien in Töpfen vorkultivieren und nach dem Abräumen der zeitigen Gurken- oder Tomatenkultur einräumen. Praktischer ist es aber, die Chrysanthemen gleich mit einzuplanen. Ein günstiger Pflanzabstand ist 20×20 oder 20×25 cm. Neben der Grunddüngung von 60 g Blauvolldünger pro m² wird im Laufe der Kulturzeit 2mal gedüngt mit jeweils 20 g Blauvolldünger pro m², oder aber in 14tägigen Flüssigdüngungen mit 2 g/l. Große Blüten von 10 cm Durchmesser und mehr erreicht man nur durch konsequentes Ausbrechen der Seitenknospen, so daß die gesamte Kraft der Pflanze einer Blüte zugute kommt. Soll dage-

Zierpflanzen unter Glas

Gerbera kann man selbst kurzfristig aus Samen heranziehen.

daher kann die oberste Schicht des Topfes gut aus grobkörnigen Kies bestehen. Gerbera benötigen zur Pflanzenentwicklung viel Licht. Die Blütezeit liegt vorzugsweise in den Sommermonaten, kann aber durch Kunstlicht auch in den Winter hinein verlängert werden. Auch Bodenwärme überwindet die natürliche Ruheperiode zwischen November und Februar. Im Winter wird sparsam gegossen und erst ab Februar/März wieder gedüngt, flüssig mit 2 g Volldünger pro l. Gut vertragen werden organische oder mineralisch/organische Dünger bzw. Depotdünger, die zu keinen Verbrennungen führen können. Die optimale Temperatur liegt bei 18–25 °C, im Winter bei 15 °C.

Schädlinge und Krankheiten   Gerbera wird sehr gerne von Weißer Fliege und Blattläusen befallen. Grauschimmel *(Botrytis)* tritt vor allem im Winter auf. Ausputzen der befallenen Pflanzenteile, mehr Licht und Luft beheben den Schaden meistens schnell.

Levkoje, *Matthiola incana*

Diese wundervoll duftende Schnittblume kommt wieder zu Ehren. Es wäre schade, wenn wir nicht zumindestens einen Versuch im Kalthaus oder im temperierten Haus wagten. Die Kultur ist nicht schwierig, lohnt aber nur, wenn zugleich die besten Sorten verwendet werden, die starke Stiele und gefüllte Blumen erbringen. Da die Füllung der Blüten auf der Umwandlung der Staubgefäße basiert und diese gefüllten Blüten steril sind, also keinen Samen bringen, ist der Samenzüchter zwangsläufig auf einfach blühende Pflanzen zur Weitervermehrung angewiesen. Die Sämlinge lassen sich jedoch im Pikierstadium auf Grund eines Farbfaktors mit ausreichender Si-

Hellgrüne Levkojensämlinge blühen gefüllt, dunkelgrüne einfach.

97

Zierpflanzen unter Glas

cherheit trennen. Dunkelgrüne Sämlinge blühen einfach, hellgrüne blühen
gefüllt – also nur hellgrüne weiterzie-
hen! Die Aussaat erfolgt im November
bis Februar in Saatkistchen bei
18–20 °C. Innerhalb kurzer Zeit gehen
die Samen auf und werden einmal im
Abstand von 6 × 6 cm pikiert und zwar
in möglichst kalkreiche Erde. Während der Jungpflanzenanzucht ist
reichlich zu lüften und sparsam zu
gießen. Dem Gießwasser hin und wieder Mittel gegen die Ausbreitung der
Schwarzbeinigkeit beifügen, z. B.
Aatiram.

Die Topfkultur ist möglich, allerdings
lassen sich ausgepflanzte Levkojen
(Abstand 15 × 15 bzw. 20 × 20 cm)
besser handhaben. Die Blüte setzt
nach etwa 4 Monaten Kulturzeit im
April/Anfang Mai ein. Bei der ebenfalls
möglichen August-Aussaat zur
Herbstkultur beginnt die Blüte bereits
Mitte bis Ende Februar. Die Tempe-
raturansprüche sind nicht hoch,
10–12 °C sind genug.

Schädlinge und Krankheiten   Erdflöhe und Nacktschnecken sind rechtzeitig zu bekämpfen. Die Schwarzbeinigkeit gefährdet Jungpflanzen.
Hygienemaßnahmen bringen Abhilfe.
Mehltau und Grauschimmel lassen
sich durch ausreichende Belüftung
und sparsames Gießen vermeiden.
Kohlhernie befällt auch diesen Kreuz-
blütler. Verseuchtes Land meiden.

Ruhmeskrone, Spinnenlilie, *Gloriosa rothschildiana*

Diese Kletterpflanze mit ca. 1,2–1,5 m
hohen Trieben bringt in den Sommermonaten pro Trieb jeweils 4 bis 6 gra-
zile, sehr exotisch anmutende Blumen

Die Ruhmeskrone blüht im Spätsommer. Aus
fingerdicken Knollen entwickeln sich ca. 150 cm
hohe Triebe mit haltsuchenden Blättern.

hervor, die sich trotz kurzen Stiels gut
als Schnittblumen eignen, aber auch
eine gute Topfpflanze abgeben.

Die Triebe entsprießen ca. 15 cm langen, fingerförmigen Knollen, mit denen Sie sehr vorsichtig umgehen sollten, weil der kaum sichtbare Trieb
leicht abbricht. Pro 14-cm-Topf werden 1 bis 2 dieser Knollen in lockere,
nährstoffreiche Erde eingesetzt und
bei 18–25 °C zum Treiben gebracht.
Auch das Auspflanzen auf Grundbeeten ist möglich. Sehr bald benötigen
die Pflanzen Halt an Gittern oder Stä-
ben. Die Blüte liegt im Juli. Reichliches Gießen und gelegentliche Flüssigdüngung (2 g/l Wasser) fördern
Wachstum und auch die Ausbildung
der Knollen, die am besten bis zum
Triebbeginn Ende April/Anfang Mai im
Gefäß verbleiben und erst dann neue
Erde erhalten.

Prairie-Enzian, *Eustoma grandiflorum* (syn. *Lisianthus*)

Erst seit kurzer Zeit liegen Erfahrungen mit dieser herrlichen Schnittblume aus dem südlichen Nordamerika bei uns vor. Trotz einiger Schwierigkeiten während der langen Anzucht lohnt sich die Kultur dieser reich blühenden Schnittblume unbedingt. Die Kultur stellt wenig Energieansprüche und kann während des Sommers in einem unbeheizten Haus vorgenommen werden. Zur Anzucht, die bereits Ende Januar gestartet wird, sind 20–25 °C ideal. *Eustoma* hat einen relativ hohen Kalkbedarf. Das Substrat aus wenig Torf, aber viel Sand darf daher mit seinem pH-Wert nicht unter 6,5 liegen. Der sehr feine Samen wird nur schwach bedeckt. Es dauert ca. 4 bis 5 Wochen, bis die Sämlinge das Pikierstadium erreicht haben. 1–2mal wird pikiert und zwar im Abstand von ca. 2–3 cm, später 4 cm. Zum Auspflanzen eignet sich am besten ein Grundbeet, das mit einem Netz im entsprechenden Pflanzabstand überspannt wird. Ein günstiger Pflanzenabstand ist ca. 12 cm. *Eustoma* erreicht eine Höhe von 60–80 cm. Die Blüte setzt in den Herbstmonaten ab Ende August/September ein. Wenn sofort zurückgeschnitten, gedüngt und frostfrei überwintert wird, gibt es im Frühjahr einen zweiten Schnitt. *Eustoma* eignet sich auch als Topfpflanze. Die Trieblänge wird dabei verkürzt durch Gießen mit z. B. Alar.

Schädlinge und Krankheiten   Bodenpilze verschiedener Arten können zu Welkekrankheiten führen. Vorsichtiges Gießen, Hygienemaßnahmen und Spritzen mit einem zugelassenen Pilzbekämpfungsmittel helfen.

Prairie-Enzian, eine relativ neue Topf- und Schnittblume.

Staudenlobelie, *Lobelia cardinalis*

Die feuerrote Lobelie kann man hin und wieder als Staude in öffentlichen Parks oder aber auch in Wassergärten bewundern. Leider ist sie nicht winterhart, die Wurzelstöcke müssen deshalb in ein frostfrei gehaltenes Haus

Staudenlobelien für frostfreie Überwinterung.

Zierpflanzen unter Glas

verbracht werden. Die Pflanzen erreichen eine Höhe von ca. 1,20 m und sind mit ihrem geraden Stiel und dem reichen Blütenansatz eine lange blühende exotische Erscheinung, die auch die Kultur als Schnittblume lohnt.

Die Anzucht aus Samen beginnt Ende Februar bis spätestens Anfang März und zieht sich, wie auch bei der nahen Verwandten *Lobelia erinus,* dem Männertreu, über eine längere Zeit hin, bis die Pflanzen eine ausreichende Blattentwicklung vorweisen können. Erst dann beschleunigt sich das Wachstum, so daß Ende Mai/Anfang Juni im Freien, bei Gewächshauskultur auch schon früher, ausgepflanzt werden kann. Pflanzabstand 15 × 15 cm. Ein Gitter oder zusätzlicher Halt wird nicht benötigt. Die Blüte setzt ab August ein.

Hochstammrosen belassen auch den Unterkulturen genug Licht.

Rosen

Die Kultur der Rose im Gewächshaus unterscheidet sich nicht wesentlich von der im Freiland. Sie verlangt einen lehmigen und humosen Boden, möglichst mit verrottetem Stallmist versetzt, regelmäßige Wassergaben und reichlich Lüftung und eine Ruhepause im Winter, die im unbeheizten Kalthaus vom November–Ende Februar/Anfang März mit einem kräftigen Rückschnitt auf wenige Augen endet. Bei dieser sogenannten Sommerkultur blühen die Rosen von Anfang Mai bis in den Dezember und bringen in dieser Zeit 4–5mal Blumen für den Schnitt.

Während die Rosen in Gärtnereien überwiegend ausgepflanzt sind, ist für uns im Kleingewächshaus die Kultur

Rosen müssen nicht unbedingt veredelt werden. Man kann sie auch aus Stecklingen ziehen.

Zierpflanzen unter Glas

in Plastikbehältern mit 10–12 l Inhalt
am günstigsten. Bei der Sommerkultur setzt das neue Wachstum nach
der winterlichen Ruhepause bei Temperaturen kurz über dem Gefrierpunkt
und möglichst wenig Gießen durch
kräftige Wasser- und Düngergaben
ein. Die Temperatur liegt bei +10 °C
und darf bei Sonneneinstrahlung
durchaus schon einmal 20 °C betra-
gen. Durch gelegentliches Überbrausen der Blätter und Neutriebe wird
das Wachstum erheblich gefördert.
3–5 kräftige Triebe sind pro Pflanze
und Jahr erlaubt. Der Rest wird ganz
entfernt, ebenso alle Durchtriebe un-
terhalb der Veredelungsstelle.
Wenn Sie ein temperiertes Gewächshaus zur Verfügung haben, können
Sie die Rosen auch die Wintermonate
über in ununterbrochenem Wachstum
halten und sich so auch in der blüten-
armen Jahreszeit an den edlen Blumen erfreuen. Die erforderliche Ruhezeit von 4 bis 5 Wochen fällt dann in
die Monate Juni und Juli. Ab dann
werden die Rosen kräftig zurückgeschnitten, fast nicht mehr gegossen
und erst durch neue Gaben von verrottetem Stallmist, durch eine kräftige
Düngung von 50 g/m² Volldünger oder
eine entsprechende Menge in organisch-mineralischer Form wieder zum
Durchtreiben angeregt. Bei der Win-
terkultur kommt es auf jeden Licht-
strahl an, der den Pflanzen zur Verfügung steht. Die Temperatur soll möglichst gleichmäßig sein und auch im
Winter nicht unter 15 °C absinken.

Schädlinge und Krankheiten Blattläuse und Blasenfüsse, sowie Rote
Spinne sind die häufigsten Schädlinge. Bekämpfung (s. S. 30).
Gegen die häufigsten Krankheiten,
wie Echter Mehltau, Sternrußtau und

Falschen Mehltau, gibt es im Fachhandel kombinierte Rosenspritzmittel
auf chemischer und auch auf biologi-
scher Basis.

Sorten Für die Gewächshauskultur
eignen sich zwar grundsätzlich alle
Sorten, jedoch sind Edelrosen mit langem Stiel, guter Haltbarkeit und edler,
sich langsam öffnender Knospe, möglichst noch mit intensivem Duft, besonders gefragt. Bekannte Sorten
sind 'Super Star', 'Königin der Rosen',
'Carina', 'Flamingo' als Edelrosen und
'Golden Times', 'Mercedes', 'Champa-
gner', 'Frisia' aus der Floribunda-
Gruppe. Auch die kleinblumigen
Moosröschen haben Freunde für den
Schnitt und für die Topfkultur gefun-
den. Insbesondere bei den Edelrosen
empfiehlt sich das Ausbrechen, um
größere, edel geformtere Blüten zu
erreichen.

Interessante Topf- und Balkonpflanzen

Schiefteller, *Achimenes*

Im Sommer blüht diese überreich blühende Topfpflanze aus der Familie der
Gesneriaceen (zu der auch die bekannte Gloxinie gehört). Die häufigste
Farbe, die wir antreffen, ist violett-
blau. Jedoch gibt es auch weiße, rosa
und rote Farben. Meist wird die
Pflanze im Gartencenter oder im Blumengeschäft erstanden. Sie beendet
dann nach einiger Zeit ihr Wachstum
und zieht ein. Wenn wir den Wurzelballen kontrollieren, finden wir bald
tannenzapfähnlich geformte kleine
Rhizome, aus denen sie sich nach
einiger winterlichen Ruhezeit im März/
April wieder regeneriert. Verschie-

Zierpflanzen unter Glas

dentlich werden diese Rhizome auch im Samenfachhandel angeboten. Man setzt sie in neue nährstoffreiche humusreiche Erde (in 9–10 cm Blumentopf 4–5 Rhizome) und bedeckt sie ca. 2 cm hoch mit Erde. Dann wird kräftig angegossen und weiterhin feucht gehalten. Wie fast alle Gesneriengewächse nimmt auch der Schiefteller zu kaltes Wasser übel und reagiert mit häßlichen Blattflecken.

Knollenbegonien, Begonia – Knollenbegonien-Hybriden

Es gibt kaum etwas Schöneres zum Bepflanzen schattiger und halbschattiger Gartenplätze als Knollenbegonien, die man entweder im Sommer blühend als Topfpflanze oder im Winter in Form von leicht nach innen gebogenen fleischigen Scheiben im Samenhandel erwirbt. Diese Knollen benötigen eine lange Entwicklungszeit, damit sie bereits kurz nach dem Auspflanzen Mitte bis Ende Mai in Blüte

Knollenbegonien und Drehfrucht (Streptocarpus).

stehen. Bereits im Februar bereiten wir ein Kistchen mit lockerer humusreicher Erde vor oder aber Töpfe mit Durchmesser von etwa 11–12 cm und beginnen mit dem Vortreiben der Knollen (abgerundete Seite nach unten). Anfangs wird noch wenig Licht benötigt. Vor Ende März ist selten ein namhaftes Wachstum festzustellen. So lange können die Gefäße mit den Knollenbegonien an einer warmen Stelle unter den Gewächshaustischen verbleiben. Erst dann benötigen auch sie den Platz an der Sonne. Gegen Mineraldünger sind die dünnen glasigen Wurzeln empfindlich, deshalb nicht stärker als 2 g/l düngen. Dennoch tut ihnen eine Startdüngung, kurz vor dem Auspflanzen, gut und hilft ihnen über den Verpflanzschock hinweg. Knollenbegonien kann man auch aus Samen anziehen. Insbesondere die reich blühende Girlandenbegonie 'Illumination' wird wie die bekannten Eisbegonien (Begonia-Semperflorens-Hybriden) als Samen angeboten. Die Anzucht ist langwierig, startet bereits Ende Januar bei hohen Keimtemperaturen (ca. 25 °C). Der staubfeine Samen (1 g enthält ca. 60 000 Samen!) wird dünn verteilt und nicht bedeckt, sondern lediglich leicht angedrückt und ständig feucht gehalten (mit einer Glasscheibe oder Folie abdecken). Nach 2maligem pikieren haben sich die Pflanzen bei Temperaturen um 20 °C Ende Mai soweit entwickelt, daß sich die ersten Blüten zeigen. Alle Begonien lieben eine humusreiche, torfreiche Erde und gedeihen bestens in Torfkultursubstrat. Die Knollen lassen sich gut wieder verwenden. Sie werden nach den ersten Frösten entnommen und in trockenem Torfmull frostfrei aufbewahrt.

Zierpflanzen unter Glas

Die Buntwurz ist eine besonders prächtige, exotische Pflanze.

Buntwurz, *Caladium bicolor*

Samenfachgeschäfte, die etwas auf sich halten, führen auch Knollen der interessanten Buntwurz aus den tropischen Urwäldern Amerikas. Das Antreiben geschieht ähnlich wie bei den Knollenbegonien. Bei 20–25 °C lassen sie sich zu neuem Wachstum anregen, vertragen dabei jedoch keine Sonne. Schon bald überraschen sie durch ein wahrhaft tropisches Wachstum und mit sehr großen, herrlich geaderten, weißen oder grünroten Blättern. Die Blüte ist unscheinbar, die Blätter sind Schmuck genug. Die Buntwurz ist eine auffällige Erscheinung im Blumenfenster und eine beliebte Beipflanzung zu Orchideen und

Bromelien. Reichliche wöchentliche Düngergaben fördern das Wachstum enorm und auch die Entwicklung der neuen Knollen, die sich bis August/September gebildet haben. Ab August wird weniger gegossen, nicht mehr gedüngt, so daß die Blätter in die Ruheperiode eintreten und allmählich einziehen. Sie verbleiben im Blumentopf bei ca. 15 °C und werden nicht mehr gegossen, bis sie im Frühjahr in feuchte Erde getopft neues Wachstum entfalten.

Pantoffelblume, *Calceolaria*-Hybriden

Die Pantoffelblume sieht besonders exotisch aus. Sie ist zur Blütezeit über und über mit zahlreichen gelbrot oder braun getigerten pantoffelähnlichen Blüten bedeckt. Das Aussehen täuscht jedoch etwas. Die Pantoffelblume liebt es kühl, 7–10 °C sind den Winter über genug. Die Anzucht gelingt leicht aus Samen, zieht sich jedoch über eine lange Periode hin,

Pantoffelblumen blühen im Winter.

Zierpflanzen unter Glas

denn bereits im Juni/Juli wird die Aussaat gestartet. Der feine Samen darf wie bei Begonien keine Bedeckung erhalten. Er wird lediglich während des Keimvorgangs vor Austrocknen geschützt. 1–2mal pikieren zunächst in Kistchen, später in 6–7 cm Töpfe mit torfreicher saurer Erde. Die Jungpflanzen vertragen keine direkte Sonnenbestrahlung, können aber gut in einem schattigen Frühbeetkasten ausharren, bis die ersten Fröste drohen, dann wird in ein Kalthaus eingeräumt. Ende Januar/Anfang Februar gelangen sie in den Endtopf. Bald beginnt nun die Blütenentwicklung. Blütezeit März/April.

Alpenveilchen, *Cyclamen persicum*

Die Heimat unseres Topfalpenveilchens liegt in Kleinasien. Diese großblumige Art ist nicht winterhart, aber ausdauernd und kann aus der Knolle immer wieder zu neuem Leben erweckt werden, indem man die Pflanze nach der Blüte allmählich trockener hält und einziehen läßt. Ab März erhält sie dann neue durchlässige Erde (sehr gut geeignet ist die Einheitserde), wird in Töpfe von etwa 12 cm Durchmesser gesetzt und bei anfangs mäßigem Gießen bei Temperaturen um 18–22°C und hoher Luftfeuchtigkeit wieder in Kultur genommen. Ähnlich behandelt man auch die kleinblumigen Duftcyclamen, die aus einer Kreuzung mit Wildarten entstanden sind, jedoch ebenfalls keinen Frost vertragen. Dafür überraschen sie mit einer Unmenge von duftenden Blüten. Daneben werden in Samenfachgeschäften und Gartencentern häufig

Von Alpenveilchen gibt es zahlreiche Rassen und Sorten. Zur Zeit sind kleinblütige Duftalpenveilchen besonders gefragt. Sie benötigen wenig Platz und blühen überreich.

winterharte Freiland-Cyclamen angeboten. Es handelt sich um mittel- und südeuropäische Wildarten z. B. *Cyclamen purpurascens, Cyclamen hederifolium, Cyclamen coum*. Wenn wir sie im Gewächshaus zur Blüte bringen wollen, behandeln wir sie wie Alpenpflanzen (s. S. 121).
Die beiden erstgenannten Arten, die sich auch als Schnittblumen eignen und mitunter auch auf dekorative Blattzeichnung gezüchtet wurden, lassen sich aus Samen anziehen, wofür ein Kalthaus am besten geeignet ist. Der Start beginnt schon im Dezember mit dem Vorquellen der Samen (für einen Tag in lauwarmen Wasser). An-

schließend werden sie auf ein durchlässiges, keimfreies Anzuchtsubstrat ausgelegt und etwa 1 cm hoch abgedeckt. Alpenveilchen sind Dunkelkeimer. Bei einer Temperatur von 15–18 °C (nicht wesentlich höher) keimen die Samen langsam in 4 bis 6 Wochen. Nachdem sie gut faßbar sind, werden die Pflänzchen 2mal pikiert und im Laufe des Frühsommers zunächst in 7–8 cm, später nochmals in 10–11 cm Töpfe verpflanzt, wobei die Knolle immer mit Erde bedeckt sein sollte. Die Erde soll grobporig und durchlässig sein. Den Verhältnissen in der Natur kommt Einheitserde am nächsten. Nachdem der Topf durchwurzelt ist, alle 10 Tage flüssig düngen mit 2 g Volldünger pro l Wasser. Alpenveilchen benötigen während der ganzen Zeit kühle Temperaturen und einen schattigen Platz. Während der Sommermonate sind diese Ansprüche im Gewächshaus schlecht zu befriedigen, deshalb wandern die Pflanzen besser nach draußen und werden unter einem Baum samt Topf in die Erde eingesenkt. Gut bewährt hat sich auch das Abdecken der eingesenkten Pflanzen mit geschlitzter mitwachsender Folie. Darunter finden sie ideale Bedingungen. Die Blüte setzt nach 10 bis 12 Monaten ein und erstreckt sich über den Spätherbst bis in den Winter hinein.

Krankheiten und Schädlinge   Läuse und Milben treten auf. Bekämpfung: s. S. 30.
Alpenveilchen leiden leicht unter Wurzelbräune, einem Pilz, sowie unter Grauschimmel *(Botrytis)*, wenn zu wenig gelüftet wurde. Beide Krankheiten kann man mit einem zugelassenen Pilzbekämpfungsmittel bekämpfen.

Cinerarie, *Senecio*-Cruentus-Hybriden

In den Spätwintermonaten bzw. im zeitigen Frühjahr blüht die Cinerarie, auch Läuseblume genannt, weil sie bei schlechten Kulturbedingungen sehr leicht mit Läusen befallen wird, insbesondere wenn die Töpfe häufiger trocken werden und welken. Das soll uns jedoch nicht abhalten, in einem frostfrei gehaltenen Kalthaus diese prächtige Topfpflanze mit Blüte zwischen Februar und April selbst anzuziehen. Die Kultur gleicht der der Pantoffelblume (s. S. 103), mit Aussaat im Juli bis spätestens Anfang August. Bei der Auswahl des Samens sollten Sie auf eine gute Herkunft achten. Es gibt herrliche, kompakt wachsende, großblütige Rassen, z. B. von der Erfurter Samenzucht oder von der Firma Schmidt, Gmünd, mit leuchtenden klaren Farben in blau, weiß, rosa, braunrot, die unbedingt den Vorzug gegenüber großblättrigen, hohen und kleinblumigen Züchtungen verdienen.

Cinerarien stehen gerne kühl.

Zierpflanzen unter Glas

Fuchsien, *Fuchsia*-Hybriden

Einige Zeit lang waren die schatten-
liebenden Fuchsien etwas aus der
Mode. Das hat sich inzwischen erfreulicherweise wieder gewandelt. Es ist
sogar eine Leidenschaft geworden,
Fuchsien zu sammeln, von denen es
Hunderte von Sorten gibt – von den
winterharten Freilandfuchsien *(Fuch-
sia magellanica)* aus Chile bis hin zu
orchideengleichen zarten Pastellfar-
ben in leuchtend rot, weiß, rosa, violett und blau. Besonders beliebt sind
wieder die Hochstämmchen, die wir
im Laufe von 1 bis 2 Jahren selbst
heranziehen können. Fuchsien können in voller Sonne stehen, bevorzugen aber eher einen halbschattigen
bis schattigen Platz. Sie überwintern
im Kalthaus bei Temperaturen von
5–10 °C und fast gänzlich reduziertem
Gießen. Wo diese Verhältnisse nicht
gegeben sind, kann man die Töpfe
auch im Freien oder im Gewächshaus
in einer Miete überwintern.
Die Anzucht ist nur über Kopfsteck-
linge möglich, weil Samen nirgends zu
bekommen ist. Die Stecklinge bewurzeln schnell und willig und werden
dann in nährstoffreiche, durchlässige
Gartenerde oder in ein Torfsubstrat
gesetzt. Sehr bewährt hat es sich,
dem Gemisch einen langsam wirkenden Depotdünger zuzufügen, wo-
durch der Nährstoffbedarf der Fuch-
sienpflanzen für 3 bis 4 Monate gedeckt ist. Bei dem starken Wachstum
und der reichen Blühentwicklung ist
der Nährstoffbedarf groß, so daß auch
Flüssigdüngung alle 14 Tage viel Posi-
tives bewirkt. Bei entsprechender
Nährstoffversorgung hält der Flor von
Mai bis in den Spätherbst hinein an.
Hängende Fuchsien-Sorten eignen

In Fuchsien mit ihren unterschiedlichen Sorten
kann man sich verlieben.

sich auch gut zur Ampelbepflanzung
(pro Ampel 4–5 Pflanzen).
Eine gute Methode, die beliebten
Stämmchen zu ziehen, ist folgende:
Besonders gut geeignet sind Sorten,
die ein kräftiges Wurzelsystem besitzen und sich auch ohne häufiges Entspitzen von selbst verzweigen. Ende
Juli/Anfang August beginnt die Kultur
mit dem Schneiden der Stecklinge,
die 3 oder 4 Blattpaare besitzen sollten und sofort in einen kleinen 3–5 cm
Topf in das übliche Sand-Torf-Gemisch
gesteckt werden. Mit etwas Schutz
durch Folie (Plastikbeutel) oder
Schrumpffolie haben sich nach 2 bis 3
Wochen Wurzeln gebildet. Danach
wird umgetopft in nahrhafte Erde, an-
gereichert mit Hornspänen, Knochenmehl oder getrocknetem Rinderdung.
Bereits jetzt erhält das Bäumchen
einen Stab, an dem es alle 5 cm mit
Bast angebunden wird. Sofort werden
alle Seitentriebe ausgebrochen. Bis
Frostbeginn bleibt die Pflanze im
Freien, wird dabei weiterhin gut mit
Nährstoffen versorgt und, sobald der

Zierpflanzen unter Glas

Fuchsien, Pelargonien, ja sogar Kakteen überwintern gern in einer frostfreien Miete.

Hibiscus-Blüten verkörpern mit ihrer Farbenpracht die Tropen.

Topf durchgewurzelt ist, verpflanzt. Tontöpfe garantieren einen besseren Stand als Plastiktöpfe. Nach der Überwinterung, wenn das Stämmchen eine Höhe von 80–90 cm erreicht hat, folgt das Entspitzen. Dabei werden nur die obersten 2 Blättchen ausgeschnitten. Sofort bilden sich an den Blattachseln Seitentriebe, die nach dem 3. Blattpaar wiederum entspitzt werden. Im Sommer setzt dann die Blüte ein.

Roseneibisch, *Hibiscus*

Der Roseneibisch mit seinen zahlreichen Formen, Sorten und Arten gehört zu den schönsten und reichblühensten Topfpflanzen überhaupt. In ihrer Heimat ist die Art *Hibiscus rosasinensis* ein immergrüner Strauch, der sich leicht aus Stecklingen vermehren läßt. Um einen schönen kompakten, buschigen Wuchs zu erreichen, ist ein alljährlicher Rückschnitt im Spätwinter unerläßlich. Mehr als 3–5 Triebe sollte man nicht belassen.

Für Gewächshausgärtner besitzt auch eine andere Art Bedeutung: *Hibiscus moscheutos,* eine mehrjährige Staude aus den nordamerikanischen Sümpfen, die bei uns mit gutem Schutz winterhart ist. Sie wird in hiesigen Samenhandlungen unter dem Sortennamen 'Southern Belle' und 'Dixie Belle' F_1-Hybriden mit riesigen, frühstückstellergroßen Blüten angeboten und variiert in den Farben Weiß, Rosa, Karminrot und Rosa mit geringter Zone. Sie eignet sich als Topfpflanze, gedeiht aber noch besser ausgepflanzt im Freien. Die Anzucht aus Samen ist nicht allzu schwierig. Sie beginnt im Februar/Anfang März mit einer etwas ungewöhnlichen Prozedur. Der Samen wird mit kochendem Wasser übergossen und kühlt dann in diesem Wasser langsam ab, wobei er gleichzeitig kräftig quillt. Ohne diese »brutale« Vorbehandlung gibt es mitunter Keimschwierigkeiten. Nach 1–2maligem Pikieren kommen die Pflanzen bei Temperaturen von 18–20 °C im Spätsommer zur Blüte. Im näch-

107

Zierpflanzen unter Glas

sten Frühjahr verzweigen sie sehr stark. Wer es nicht schafft, sie auf höchstens 3 Triebe zu beschneiden, wird einen unschönen struppigen Wuchs erleben und möglicherweise die alljährliche Neuanzucht aus Saatgut vorziehen.

Pelargonien (»Geranien«), *Pelargonium*

Aufgrund der selten gegebenen idealen Verhältnisse greifen mehr und mehr Hobbygärtner zur alljährlichen Neuanzucht aus Samen. Auch für Gewächshausbesitzer hat diese neue Anzuchtmethode durchaus ihren Reiz. Sämlingspelargonien sind nämlich frei von Viruskrankheiten und auch sonst recht robust im Wuchs. Ihr Nachteil: wer nicht schon im Dezember, spätestens Anfang Januar aussät, wird bis in den Juni/Juli hinein warten müssen, bis die ersten Blüten erscheinen. Die frühe Aussaat ist also ganz wichtig! Der Samen ist meist

Pelargonien werden mehr und mehr aus Samen angezogen.

schon angeritzt, damit er schneller keimt. Falls nicht, reibt man den Samen zwischen 2 Lagen groben Sandpapiers. Bei 20–25 °C geht er dann relativ schnell auf, wird im Laufe der Wintermonate 2mal pikiert und zum Schluß in 11-cm-Töpfe mit nahrhafter Erde gesetzt. Viel Licht bringt die Pflanzen zeitiger zum Blühen.

Für die Stecklingsvermehrung ist die beste Zeit im August. Zu diesem Zeitpunkt geschnittene Stecklinge bewurzeln bis zum Winter leicht und ergeben bis zum Mai blühfähige Topfpflanzen, von denen sich beim notwendigen Zurückstutzen während der Wintermonate noch weitere Stecklinge für einen späten Satz gewinnen lassen. Die aufrecht wachsenden *Pelargonium*-Zonale-Hybriden und auch die hängenden *Pelargonium*-Peltatum-Hybriden sind beide als Samen oder aus vegetativer Vermehrung im Angebot.

Primel-Arten, *Primula*

Von den zahllosen Primelarten gedeihen die meisten als Stauden im Freiland. Am bekanntesten dürften die Kissenprimeln *(Primula vulgaris)* sein, die uns in den Frühjahrsmonaten auf allen Märkten und in allen Blumengeschäften mit bunten Farben entgegenleuchten. Für die Blüte im Februar/März in einem frostfrei gehaltenen Haus liegt die besten Aussaatzeit Mitte Mai bis Anfang Juni. Danach wird 2mal pikiert, zum Schluß in 8 bis 9 cm Töpfchen. Die ganze Zeit bis zum Einräumen im Herbst verbringen die Jungpflanzen im Freien. Während dieser Zeit sind sie für gelegentliche Düngung (2 g Volldünger pro l Wasser) dankbar. Kurzes Laub und frühe

Chinesenprimel (links) und die schwefelgelbe
Primula × kewensis (rechts unten).

Leider viel zuwenig bekannt: die farbenpräch-
tige Orchidee des kleinen Mannes.

Blüte erreicht nur, wer die Temperatur
bei 4 °C, maximal 8 °C beläßt. Höhere
Temperaturen steigern das Laub-
wachstum.
Mit kühlen Temperaturen zwischen
8 und 12 °C kommen auch die beiden
anderen Arten für das leicht beheizte
Kalthaus in Frage, nämlich *Primula
malacoides,* die Fliederprimel, und *Primula praenitens,* die Chinesenprimel,
bzw. die noch seltener angebotene
Primula × kewensis mit gelben Blüten. Die Blüte aller 3 Arten liegt in den
Wintermonaten Dezember bis April.
Die Aussaat erfolgt jeweils Ende Juni
bis Mitte Juli bei 15–20 °C. Nach 2ma-
ligem Pikieren gelangen die Sämlinge
in lockeres torfreiches Substrat in die
Endtöpfe von ca. 10 cm Durchmesser.
Den Anfang der Kultur bis zum Beginn des Frostes verbringen sie am
besten im Freiland auf einem schattigen Beet oder im Frühbeetkasten.
Erst im November gelangen dann die
Pflanzen ins Gewächshaus, wo sie bis
zum Blühbeginn bei 4–8 °C hell und
luftig verbleiben.

Orchidee des kleinen Mannes, *Schizanthus wisetonensis*

Die Kultur bietet wenig Schwierigkeiten. Sogar als Sommerblume, einfach
Anfang April reihenweise ins Freie gesät, gedeiht sie recht willig und blüht
mit einem exotischen Farbspiel. Eine
der schönsten und kompaktesten
Rassen für die Topfkultur züchtet die
deutsche Firma Benary mit der Sorte
'Starparade'. Für den Gewächshausgärtner ist die Sortenfrage von einiger
Bedeutung, denn die üblichen Züchtungen für das Freiland erreichen unter Glas eine Höhe von 70–80 cm.
Die Aussaat für eine Februar/März-
Blüte erfolgt bereits im August, für die
Blüte Anfang Mai dagegen erst Oktober bis Mitte November. Der feine Samen keimt ziemlich unregelmäßig bei
10 °C innerhalb von 2 bis 3 Wochen.
1–2mal wird pikiert, zuletzt in einen
Topf von ca. 10 cm Durchmesser. Bei
kühler Temperatur (8–10 °C), hell und
luftig, verläuft die Kultur unkompliziert.

Kletterpflanzen

Schwarzäugige Susanne, *Thunbergia alata,* ist eine bekannte Schling- oder Hängepflanze und eignet sich sowohl als Sommerblume für das Freiland als auch für die Topfkultur im Zimmer. Entsprechend den heimatlichen Verhältnissen im tropischen Afrika bedarf die Anzucht einiger Wärmegrade, d. h. die Aussaat beginnt bei 18–20 °C im temperierten Haus. Am besten legt man gleich 3–5 Samenkörner in einen 7 cm Topf. Schon bald nach dem Aufgang brauchen die Pflanzen Stäbe, an denen sie emporklettern können. Bei guter Ernährung setzen sie reichlich Knospen an und blühen ab Mai den ganzen Sommer über. Sie sind dabei immer dankbar für kontinuierliche Wasserversorgung und auch für Düngung im Abstand von 14 Tagen (3 g Volldünger pro 1 l Wasser).

Einen Versuch wert ist auch *Eccremocarpus scaber,* die **Chilenische Ruhmesblume,** ein Schlinger mit zahlreichen trompetenförmigen Blütchen von 3 cm Länge. Bei guter Kultur erreicht er 3 m oder mehr, berankt üppig Gitter, Zäune und Wände. Die Pflanze bildet fleischige Wurzeln, die man frostfrei überwintern und für die Weiterkultur benutzen kann.

Sehr reichblühend ist auch die in Südamerika beheimatete **Sternwinde,** *Quamoclit lobata,* mit 2 bis 3 m hohen Trieben und zahlreichen gelbroten Blütchen. Kultur wie bei *Thunbergia.*

Die Sternwinde, eine ungewöhnliche Kletterpflanze (oben).

Blüht überreichlich: Schwarzäugige Susanne.

Treiben von Blütenpflanzen

Das Treiben von Blumenzwiebeln und Knollen

Zu den reizvollsten Verlockungen für einen Gewächshausbesitzer gehört es, mit Hilfe der zahlreichen Arten von Blumenzwiebeln frühlingshafte Pracht in den Winter vorzuverlegen. Duftende Hyazinthen, Narzissen, langstielige Tulpen zum Schnitt lohnen die damit verbundene Arbeit genauso wie zeitige Kleinblumenzwiebeln, z. B. *Iris reticulata,* die violette Zwiebeliris, und *Iris danfordiae,* die gelbe Schwesterart, ferner Traubenhyazinthen *(Muscari armeniacum),* Puschkinien *(Puschkinia scilloides* var. *libanotica), Anemone blanda* und Holländische Iris *(Iris*-Hollandica-Hybriden).

Das Vortreiben der Blumenzwiebeln ist an und für sich leicht, wenn die Zwiebeln vorher genügend Zeit hatten, in ihrem Gefäß durchzuwurzeln. Infolgedessen darf uns nicht erst im Dezember einfallen, noch schnell die letzten Blumenzwiebeln einzukaufen und sie sofort zum Treiben anzusetzen. Ende Oktober bereits füllen wir die vorgesehenen Gefäße (Töpfe, flache Schalen, Kisten oder spezielle Krokustöpfe mit Löchern an den Seiten) mit normaler Gartenerde, setzen die Zwiebeln dicht an dicht, aber doch so, daß sie sich nicht berühren, hinein. Wir decken mit einer fingerdicken Schicht Sand ab und senken die Töpfe im Frühbeetkasten oder auf einem leicht zugänglichen Freilandbeet ein, gießen kräftig an und decken mit einer dicken Schicht Laub (ca. 15 cm hoch) ab. So geschützt setzt bald das Wurzelwachstum ein. Nach einiger Zeit erscheint auch der Trieb, der damit seine Bereitschaft zum Blühen anzeigt.

Narzissen und Tulpen

Zur Weihnachtszeit können bereits Krokus, Hyazinthen und die Anfang Dezember in Schalen mit 1 cm Wasserstand in reinem Kies angesetzten »Wassernarzissen« zur Blüte kommen.

Kurz nach Weihnachten gibt es auch die ersten Narzissen und Tulpen, die nun satzweise bis zum Beginn der natürlichen Blütezeit im Freiland angetrieben werden.

Die extrem frühen Blühtermine Mitte bis Ende Dezember sind am schwierigsten zu erreichen und erfordern besonders präparierte Blumenzwiebeln, sowie Temperaturen, die anfangs um 30 °C liegen. Weitaus einfacher ist es,

Die Blumenzwiebeltreiberei gehört zu den Freuden des Gewächshausbesitzers.

Treiben von Blütenpflanzen

Lilien 'Enchantment', in Containern vorgetrieben, beleben jede Blumenrabatte.

die natürlichen Verhältnisse im Freiland nachzuahmen, d. h. sobald die Zwiebeln aus dem Freien zum Treiben hereinkommen, zunächst mit ca. 10 °C beginnen, nach einer Woche steigern auf 15 °C und kurz vor Blühbeginn auf 20 °C gehen. Auch eine mittlere Temperatur von etwa 12–15 °C bringt gute Ergebnisse.

Nicht alle Tulpen-Sorten eignen sich gleich gut für die Treiberei, insbesondere bei den Tulpen sind ausgeprägte Unterschiede erkennbar. Gute Sorten sind z. B. 'Brilliant Star' (rot) und 'Copeland' (violett), beide sehr früh treibfähig, ebenfalls 'Bellona' (gelb) und 'Joffre' (gelb), sowie 'Lustige Witwe' (rot-weiß).

Die Klasse der Darwintulpen und Darwin-Hybriden ergibt nicht besonders frühe, dafür aber gute Schnittblumen (z. B. 'Golden Apeldoorn' und 'Apeldoorn'). Weniger gut geeignet sind die meisten Wildtulpen.

Bei den Narzissen sind die Sortenunterschiede weniger stark ausgeprägt. Während die Tulpenzwiebeln nach erfolgtem Treiben ihre Kraft verloren haben, so daß sich eine Weiterkultur nicht lohnt, kann man durchaus Narzissen nach dem Abernten der Blüten im Freien auspflanzen, wo sie sich innerhalb von 1 bis 2 Jahren erholen und weitervermehren.

Lilien

Viel Spaß macht das Vortreiben von Lilien, entweder zum Schnitt oder um zu ungewöhnlicher Zeit Kübel und Schalen zu bepflanzen. Die Zahl der Sorten ist sehr erheblich. Besonders geeignet sind für die Verfrühung naturgemäß die zeitigen Sorten, wie z. B. die orangerote Schalenlilie 'Enchantment' aus der Gruppe der Asiatischen Hybriden sowie die Hybriden der 'Midcentury'-Klasse, aber auch die besonders großblumige und starkduftende Goldbandlilie *(Lilium auratum),* die späte Riesen-Türkenbundlilie (*Lilium henryi,* gelb mit rotbraunen Flecken) und die Prachtlilie (*Lilium speciosum* var. *rubrum*). Die beste Pflanzzeit liegt im Herbst, wenn die frisch geernteten Zwiebeln erstmals zum Verkauf ins Angebot kommen. Lilien lieben einen Boden, der nicht zu sandig, nicht zu lehmig und nicht zu schwer ist, d. h. eine Mischung von Garten- oder Komposterde, Sand und Torf im Verhältnis 1:1:1 ist ideal. Man kann sie im Grundbeet auspflanzen. In jeder Hinsicht angenehmer ist es aber, wenn man »beweglich« bleibt und sie in Töpfe setzt, deren Boden mit reichlich Topfscherben oder größeren Kieselsteinen ausgestattet ist, um einen einwandfreien Wasserabzug zu gewährleisten. Topfgrößen von 12 cm Durchmesser für 1 Zwiebel oder größere Container, in

Treiben von Blütenpflanzen

die 3–5 Zwiebeln dicht an dicht gesetzt werden, haben sich bewährt. Pro Gefäß eine Handvoll Knochenmehl zugeben.

Die Zwiebeln bewurzeln gut im Frühbeet oder in einem geschützten Freilandbeet eingesenkt. Mit Frostbeginn werden sie dann eingeräumt oder an ihrem Freilandstandort mit einer dikken Laubdecke versehen, so daß man sie auch während des Winters jederzeit hereinholen kann. Ab Februar beginnt die Verfrühung. Man rechnet bei den zeitigen Sorten 13 Wochen vom Einräumen bis zur Blüte. Von zunächst 7–8 °C wird die Temperatur langsam auf 15 und – wenn die Knospen schon sichtbar sind – auf 18–20 °C gesteigert. Alle 14 Tage erhalten die Töpfe einen Dungguß. Nach der Blüte, die etwa 2 bis 3 Wochen andauert, reduzieren wir die Wassergaben, damit die Zwiebeln wieder zur Ruhe kommen. Sie sind nämlich durch das Treiben nicht wertlos geworden, sondern kommen wieder auf Freilandbeete, um sich zu erholen. Nach 2 bis 3 Jahren kann man sie wieder verwenden. Die meisten der im Handel erhältlichen Zwiebeln sind bereits präpariert, d. h. einer Kühlbehandlung bei Temperaturen von 0,5–2 °C unterworfen worden.

Das Treiben von Blütenzweigen

Schon bald, nachdem die Vegetation zur Ruhe gekommen ist, erwacht die Sehnsucht nach dem Frühling. Viele frühjahrsblühende Gehölze können mitten im Winter die Suggestion der warmen Jahreszeit erwecken. Hierzu zählen neben Forsythien, Mandelbäumchen, Zierquitten (Choeno-

Zaubernuß-Zweige *(Hamamelis)* und Blüten des Islandmohns *(Papaver nudicaule).*

meles) und den Obstgehölzen (Pfirsich, Aprikose, Kirsche, Apfel und Birne) auch die in milden Wintern sogar im Freiland blühenden Ziergehölze, wie Zaubernuß *(Hamamelis mollis),* Seidelbast *(Daphne mezereum)* und Duftschneeball *(Viburnum farreri* und *V. × burkwoodii),* ebenso Weidenkätzchen, Haselnuß und Kastanien.

Sie alle müssen erst, durch winterliche Temperaturen umgestimmt, einen Anreiz zum Blühen erhalten haben. Hierfür dient der Barbaratag, der 4. Dezember, als Anhalt, d. h. vor diesem Tag sollte man keine Zweige zum Treiben schneiden, weil sie sonst schlecht blühen. Je später sie mit fortschreitender Jahreszeit hereingeholt werden, desto williger setzt die Blüte ein.

Getriebener Flieder zu Weihnachten, das läßt sich nur mit herausgestochenen Ballen und einem abgeteilten Folienzelt, in dem sehr hohe Luftfeuchtigkeit und sehr hohe Temperaturen herrschen (30–35 °C), erreichen.

Treiben von Blütenpflanzen

Diese extreme Hitzebehandlung ist nur technisch besonders perfektionierten Gewächshausbesitzern möglich. Leichter ist es dagegen, die entsprechenden Zweige in Wasser zu stellen und bei Temperaturen zwischen 15 und 25 °C anzutreiben. Je höher die Temperatur, desto schneller erscheinen die Blüten. Auch die abgeschnittenen Zweige haben noch einen Nährstoffbedarf. Die Blüte wird schöner und hält länger, wenn wir darauf Rücksicht nehmen und dem Wasser ein Desinfektions- und Düngemittel beisetzen, wie z. B. Mimosa, Chrysal. Auch alte Hausrezepte, wie z. B. ein Schuß zuckerhaltige Limonade ins Gießwasser oder 12–15 g Zucker pro l Wasser erfüllen den gleichen Zweck. Beim Abschneiden der Zweige sollten wir jedoch bedenken, wie sich dieser Schnitt nach der Blüte auswirkt und ob es lohnt, die Früchte des Sommers einem kurzlebigen Vergnügen im Winter zu opfern.

Christrosen verbringen den Sommer im Freien. Im Spätherbst angetrieben, blühen sie im Dezember.

Das Treiben von Stauden

Für die Verfrühung in Töpfen eignen sich insbesondere die zeitigen Frühjahrsblüher, wie das gelbblühende Adonisröschen *(Adonis vernalis)*, die violett-blau blühende Küchenschelle *(Pulsatilla)*, die gelbblühende Gemswurz *(Doronicum caucasicum)*, das blaue oder weiße Leberblümchen *(Hepatica nobilis)*, die Rosenprimel *(Primula rosea)* und die Kugelprimel *(Primula denticulata)*. Außerdem erwiesen sich für Schnittzwecke besonders gut geeignet die gelbblühende Trollblume *(Trollius europeus)* und der Islandmohn *(Papaver nudicaule)*. Ferner Steingartenpflanzen,

wie die niedrigen hübschen Glockenblumen, *Campanula portenschlagiana* und *Campanula poscharskyana*. Weithin unbekannt ist immer noch die reichblühende *Lewisia nevadensis*, die erst vor wenigen Jahren bei uns bekannt wurde. Unfaßbar eigentlich angesichts der attraktiven, schönen Blüten von ca. 2 cm Durchmesser in rosa und roten Farbtönen, die bei entsprechend zusagendem Standort fast den ganzen Sommer über blühen und sogar als Topfpflanze fürs Zimmer bestens geeignet sind. Spötter nennen sie »Sekretärinnenblume«, weil sie es nicht übel nehmen, wenn man das Gießen ab und zu vergißt.

Sie alle lassen sich auf einfache Weise verfrühen. Die dem Freilandbeet entnommenen Pflanzen werden unter möglichst wenig Wurzelverlust eingetopft in eine gut durchlässige, mit Hornspänen oder Knochenmehl angereicherte Erde und zwar bereits während des Monats September, spätestens Anfang Oktober, damit die Gefäße noch gut durchwurzeln können. Aus dem Frühbeet oder einem geschützten Freilandbeet werden sie ab Weihnachten in ein temperiertes oder warmes Gewächshaus eingeräumt. Steht nur ein Kalthaus ohne Heizung zur Verfügung, ist der günstigste Zeitpunkt im Februar gekommen. Die Temperatur wird von anfangs 4–8 °C allmählich auf 18–20 °C gesteigert. Dabei müssen die Pflanzen so hell wie möglich stehen.

Christrosen (Helleborus niger) zählen zu den besonders geschätzten Stauden für die Treiberei. Geeignet sind nur kräftige und gesunde Pflanzen, die im Herbst noch 2mal mit z. B. Orthozid 83 gespritzt wurden, um der mitunter verheerend wirkenden Schwarzfleckenkrankheit und dem Falschen Mehltau vorzubeugen. Auch Kupferpräparate beugen einem Befall vor. Die Wurzelballen sollte man möglichst wenig beschädigen, weil die Pflanze, die wir ja später weiter verwenden wollen, Störungen nur schlecht überwindet. Im Oktober bis spätestens Anfang November werden große Ballen ausgegraben und in große Töpfe oder Eimer gesetzt. Bei einer durchschnittlichen Temperatur von 10 °C stehen sie zu Weihnachten in voller Blüte. Getriebene Christrosen entwickeln längere Stengel als im Freiland, insbesondere, wenn sie reichlich Licht erhalten.

Die Überwinterung von Balkon- und Kübelpflanzen

Das frostfrei gehaltene Kalthaus ist der ideale Raum zum Überwintern von Balkon- und Kübelpflanzen. Sie alle, die uns den Sommer über mit einer

Die Engelstrompete (Datura) gedeiht leicht und sicher.

reichen Blüte erfreuten, unterziehen sich nun einer mehr oder weniger gewünschten Ruheperiode, bei Idealtemperaturen von 8 °C bis maximal 12 °C. Das Einräumen ins Gewächshaus muß natürlich dann stattfinden, wenn es noch nicht zu spät ist, also vor dem Eintreten der ersten Fröste. Schon lange vorher, nämlich im August, haben wir die laufende Düngung eingestellt, um die Triebe zum Ausreifen zu zwingen. Mit den fallenden

Überwinterung

Temperaturen werden dann auch die Wassergaben eingeschränkt, so daß sich die Nährstoffe in die verholzten Teile oder in die unterirdischen Teile verlagern. Fast immer ist die Zahl der Pflanzen größer, als eigentlich Platz vorhanden. Jede Gelegenheit zum Rückschnitt ist daher willkommen. Insbesondere *Datura,* die Engelstrompete, *Erythrina,* der Korallenstrauch, *Plumbago,* die Bleiwurz, Fuchsien, Geranien, Verbenen und Wandelröschen *(Lantana)* erhalten einen kräftigen Rückschnitt bis auf wenige Blätter bzw. Augen, aus denen im Frühjahr wieder neue Triebe hervorbrechen. Nicht oder nur vorsichtig zurückgeschnitten werden alle immergrünen Kübelpflanzen, wie z. B. Oleander, Bananen, Palmen, Granatäpfel, Zylinderputzer, Gewürzrinde *(Cassia)* und Rosmarin. Auch den hängenden Pelargonien bekommt es gut, wenn der Rückschnitt nicht allzu drastisch ausfällt. Das Geheimnis blühender alpenländischer Balkone ist es gerade, daß die Bäuerinnen das Messer nur sparsam einsetzen.

Während des Winters stehen die Pflanzen möglichst hell und fast trokken. In den Monaten November bis Februar, wenn sich allmählich das neue Wachstum wieder regt, genügt es, die Pflanzen nur alle 3 bis 4 Wochen zu gießen. Bei Kakteen darf die Trockenperiode bis in den März hinein dauern.

Die Immergrünen verdunsten auch während der Ruhezeit laufend Feuchtigkeit, sie haben einen höheren Wasserbedarf. Insbesondere Oleander nimmt als Sumpfpflanze Trockenzeiten sehr übel und reagiert darauf mit gelben Blättern und abgestoßenen Knospen. Während des Spätwinters ist die Gefährdung durch Weiße Fliege und Spinnmilben besonders groß.

Entsprechend dem allmählich steigenden Lichtangebot in den Monaten Februar bis Anfang März werden die Pflanzen umgetopft. Die alte Erde wird sorgfältig ausgeschüttelt. Neue, mit Nährstoffen reich versehene, übernimmt diese Aufgabe. Die Wassergaben steigen nun, und gelegentlich werden die Pflanzen auch bereits bei Tagestemperaturen über 20 °C übersprüht. Auch Kakteen und Sukkulente erhalten jetzt reichlich Feuchtigkeit. Gleichzeitig stehen sie so hell wie irgend möglich, denn der Lichteinfall in den Monaten März–Mai ist entscheidend für den Blütenansatz.

Wer nur ein geheiztes Kleingewächshaus zur Verfügung hat, kann trotzdem eine Vielzahl von Balkonpflanzen aber auch Kakteen in einer Art Miete (s. Abb. S. 107) frostfrei überwintern. Das fehlende Licht macht ihnen in dieser Zeit nichts aus.

Die Gehölzvermehrung erfordert Geduld.

Bewurzelter Steckling des Lebensbaumes.

Die Vermehrung von Sträuchern und Koniferen

Eine Vielzahl von blühenden Sträuchern, Bäumen und immergrünen Koniferen läßt sich aus Samen heranziehen. Die Auswahl geeigneter Arten ist in den Samenfachgeschäften erfreulicherweise in den letzten Jahren gestiegen. Dennoch, richtig handelsfähig ist nur eine vergleichsweise geringe Anzahl von Arten, da der Samen oft hartschalig wird, schnell die Keimfähigkeit verliert oder eventuell komplizierter Methoden bedarf, wie z. B. das sogenannte Stratifizieren (Naß-Trocken-Behandlung), um zum Keimen zu kommen. Einige Arten, die sich aus Samen anziehen lassen: *Acer palmatum* 'Atropurpureum' (Roter Fächerahorn), *Berberis thunbergii* (Heckenberberitze), *Betula pendula* (Sandbirke), *Carpinus betulus* (Weiß- oder Hainbuche), *Choenomeles japonica* (Scheinquitte), *Chamaecyparis lawsoniana* (Scheinzypresse), *Ginkgo biloba* (Ginkgobaum), *Juniperus communis* (Säulenwacholder), *Picea omorika* (Serbische Fichte), *Picea pungens* 'Glauca' (Blaufichte), *Pinus wallichiana* (Tränenkiefer), *Pinus mugo* ssp. *mugo* (Bergkiefer), *Prunus avium* (Süß- oder Vogelkirsche), *Thuja occidentalis* (Lebensbaum), *Tsuga canadensis* (Hemlocktanne), *Wisteria sinensis* (Blauregen). Eine Anzahl dieser Arten läßt sich durch entsprechenden Schnitt in Bonsais, die bekannten japanischen Zwerggehölze, verwandeln.

Wer sich speziell für diese Kultur interessiert, wird auch auf die Anzucht aus Stecklingen zurückgreifen. Bei der Auswahl der Stecklinge kommt es vor allem auf das richtige Reifestadium an, d. h., die Triebe sollten noch nicht verholzt, aber auch nicht zu weich sein. Die krautigen Stecklinge blühender Sträucher werden z. B. geschnitten von: *Buddleja* im Juli, Berberitze im August/September, *Forsythia* im Juni, *Hydrangea* Juni/Juli, *Hypericum* Juli/August, *Hibiscus* Juni/Juli, *Kolkwitzia* Juli, *Ligustrum* Juli, *Potentilla* Juni/Juli, *Rhododendron* Juli/August, *Thuja* im August.

Da die Bewurzelung dieser Stecklinge langsam vor sich geht und ständig hohe Luftfeuchtigkeit benötigt wird,

Vermehrung von Gehölzen

damit sie nicht welken, ist ein spezielles Vermehrungsbeet, z. B. ein Kasten mit aufgelegter Folie, ein Florathermbeet mit Heizung, oder aber auch ein Tunnel angebracht.

Auch ein Heizkabel oder eine Wärmeplatte fördern die Wurzelentwicklung beträchtlich, die im allgemeinen 5 bis 8 Wochen, mitunter auch wesentlich länger dauert. Bei Sonnenschein ist zu schattieren. Im Kalthaus dauert die Bewurzelung oft mehr als 1 Jahr. In dieser langen Zeit ist die Hygiene besonders wichtig, insbesondere Pilzkrankheiten verbreiten sich schnell. Sauberes Arbeiten und mehrmaliges Überbrausen mit pilztötenden Mitteln sind unerläßlich.

Leichte Bodenheizung fördert die Bewurzelung von Gehölzstecklingen beträchtlich.

Alpenpflanzen

Während des Winters sind alpine Pflanzen am Naturstandort durch eine dicke Schneedecke geschützt. Sie überwintern daher kühl, sind aber auch kaum stärkeren Frösten ausgesetzt. Im Gewächshaus wird dieser Schutz nachgeahmt durch Abdecken mit einer 4–5 cm hohen Schicht aus trockenem Torf. Eine Heizung, die das Haus gerade frostfrei hält, ist natürlich idealer, weil sie den Pflanzen auch noch Licht zukommen läßt.

Wer ein Erdhaus besitzt oder keine Heizung installieren möchte, findet in einem Alpinenhaus reichlich Gelegenheit, sein Können an ungewöhnlichen und schwierigen Pflanzen zu erproben.

Unter solchen Bedingungen kommen im Spätwinter auch Blumenzwiebeln und asiatische Erdorchideen, wie z. B. *Pleione*, zur Blüte. Im Sommer sollten die Temperaturen niedrig sein, was sich nur durch reichliches Lüften erreichen läßt. Viele Häuser für alpine Pflanzen besitzen herausnehmbare Seitenfenster. Auch der sonst wenig verwendete Typ des Erdhauses hat hier seine Berechtigung.

Alpine Pflanzen gedeihen fast immer im Geröll, in Kies und Felsspalten. Ihr Wurzelsystem stellt daher an die Wasserabführung höchste Ansprüche. Gute Dränage mit Kies, Sand oder Splitt am Grund der Gefäße hat sich bewährt. Die Töpfe stehen am besten in Sand versenkt. Die Oberfläche erhält als Abdeckung eine Schicht von Granitsplittern.

Weitere Nutzungsarten

Kakteen

Kakteen zu sammeln ist eine Wissenschaft für sich. Die zahlreichen Arten entstammen den verschiedensten Klimabereichen. Von den winterharten Kakteen der Hochanden über die frostbeständige Indianerfeige aus den Prärien Nordamerikas bis hin zu den heißen Wüsten Mexikos und den epiphytisch wachsenden Blattkakteen aus den Urwäldern Südamerikas sind fast alle Klimabereiche vertreten. Die meisten von ihnen fühlen sich jedoch in einem Kalthaus wohl, das frostfrei überwintert und in dem während der Wintermonate kaum gegossen wird. Während der Frühjahrsmonate ist für reichlichen Blütenansatz besonders viel Licht vonnöten. Während des Sommers darf es natürlich heiß sein. Gleichzeitig bringt die nächtliche Abkühlung aber ein Ausreifen der Triebe und auch verstärkte Blühanreize für viele Arten mit sich. Deshalb sollte ein Kakteenhaus reichlich zu lüften sein.

Eine reichhaltige Sammlung von Kakteen und Steingartenpflanzen. Die Seitenfenster werden im Sommer entfernt.

Weitere Nutzungsarten

Orchideen und Bromelien

Die epiphytisch, d.h. als Aufsetzer wachsenden, aber nicht parasitierenden Gewächse tropischer Urwälder sind am besten im temperierten oder Warmhaus aufgehoben. Auch ein Wintergarten läßt sich hervorragend mit reichblühenden Tropenpflanzen bevölkern. Während man von den Bromelien bereits weiß, daß sie sehr anpassungsfähig und pflegeleicht sind, werden die Orchideen häufig falsch eingeschätzt. Als echte Wildpflanzen oder züchterisch wenig bearbeitete Arten sind sie meistens genügsam und anpassungsfähig. Es kommt nur darauf an, aus der großen Zahl der zur Verfügung stehenden Arten die richtigen auszuwählen.

Da dies eine Wissenschaft für sich ist und eine Abhandlung hierüber mehrere Bücher füllen würde, können im Rahmen dieses Buches nur einige generelle Informationen geboten werden.

Orchideen und Bromelien sollten in keinem Gewächshaus fehlen – ob mit oder ohne Beheizung.

Weitere Nutzungsarten

Empfehlenswerte Kalthaus-Orchideen

Bifrenarie	*Bifrenaria harrisoniae*
Bletilla	*Bletilla striata*
Coelogyne	*Coelogyne cristata*
Cymbidium	*Cymbidium lowianum* und *Cymbidium*-Hybriden
Encyclia	*Encyclia citrina* (syn. *Cattleya citrina*)
Laelie	*Laelia albida*
Lycaste	*Lycaste*-Arten
Masdevallie	*Masdevallia coccinea*
Tigerorchidee	*Odontoglossum*-Arten und -Hybriden
Oncidie	*Oncidium crispum* und Kreuzungen, z. B. × *Odontioda*
Frauenschuh	*Paphiopedilum*-Arten, z. B. *P. insigne*
Pleione	*Pleione formosana*
Sophronitis	*Sophronitis coccinea*
Zygopetalum	*Zygopetalum mackaii*

Empfehlenswerte Orchideen für temperierte Gewächshäuser

Barkerie	*Barkeria skinneri*
Brassavola	*Brassavola perrinii*
Brassia	*Brassia verrucosa*
Cattleya	viele *Cattleya*-Arten und -Hybriden
Dendrobium	die meisten *Dendrobium*-Arten
Encyclia	*Encyclia cochleata*
Epidendrum	*Epidendrum ciliare*
Laelia	*Laelia*-Arten
Stiefmütterchen-Orchideen	*Miltonia*-Hybriden
Odontioda	× *Odontioda*-Hybriden
Odontoglossum	*Odontoglossum cervantesii*
Frauenschuh	die meisten *Paphiopedilum*-Arten und -Hybriden
Schmetterlingsorchideen	*Phalaenopsis*-Hybriden
Trichopilia	*Trichopilia tortilis*

Empfehlenswerte Orchideen für das Warmhaus

Bulbophyllum bzw. Cirrhopetalum	*Bulbophyllum medusae* (syn. *Cirrhopetalum medusae*)
Calanthe	*Calanthe vestita*
Cattleya	*Cattleya labiata*, *C. dowiana* und *Cattleya*-Hybriden
Dendrobium	*Dendrobium densiflorum*, *D. phalaenopsis*, *D. chrysanthum*
Ludisia	*Ludisia discolor*
Oncidium	*Oncidium*-Arten
Frauenschuh	*Paphiopedilum callosum*, *P. concolor*, *P. mastersianum*, *P. sukhakulii*
Phaius	*Phaius tankervilleae*
Schmetterlingsorchideen	*Phalaenopsis*-Arten und -Hybriden
Vanda	*Vanda coerulea*

Bezugsquellen

Die meisten Produkte sind im Fachhandel bzw. in Gartencentern erhältlich. Diese Liste erhebt keinen Anspruch auf Vollständigkeit.

Bedachungsmaterial aus Glas und Kunststoff

Bayer AG, 51368 Leverkusen (Makrolon)

Flachglas AG, Haydnstr. 19, 45884 Gelsenkirchen

Gerresheimer Bauglas GmbH, Heyestr. 178, 40625 Düsseldorf (Gerrix-Toptherm Isolierglas)

Röhm GmbH, Kirschenallee, 64293 Darmstadt (Plexiglas-Stegdoppelplatten, Makrolon)

Bewässerungsanlagen

Ing. Beckmann KG, Simoniusstr. 10, 88239 Wangen (System Beta 8)

Robert Bosch GmbH, Max-Lang-Str. 40–46, 70771 Leinfelden-Echterdingen

Gardena, Hans-Lorenser-Str. 40, 89079 Ulm

Wilhelm Harzmann Moderne Bausysteme GmbH, Am Birkenstock 19, 75205 Krauchenwies (System Optima)

Edmund Romberg + Sohn GmbH & Co. KG, Werner-v.-Siemens-Str. 13, 25479 Ellerau (Bewässerungsvliese)

Tropf-Blumat, Weninger GmbH & Co. KG, Hag 7, A-6410 Telfs/Tirol

Biologische Erzeugnisse

Conrad Appel, Brandschneide 1, 64295 Darmstadt (Nützlinge)

Keller GmbH & Co. KG, Konradstr. 17, 79100 Freiburg/Breisgau

Krieger-Gewächshaus-Center: siehe »Gewächshäuser«

Ledona AG, Postfach 262, CH-6030 Ebikon-Luzern

Merulin GmbH & Co. KG, Karl-Arnold-Str. 25, 47638 Straelen (Raubmilben)

Neudorff GmbH KG, Biolog. Pflanzenschutz, Postfach 1209, 31857 Emmerthal

Sautter und Stepper, Rosenstr. 19, 72119 Ammerbuch (Nützlinge)

Gebr. Schaette KG, Postfach 1308, 88331 Bad Waldsee

Hatto Welte, Maurershorn 10, 78479 Insel Reichenau (Nützlinge)

Gewächshäuser, Folien und Zubehör

Bartscher GmbH, Franz-Kleine-Str. 28, 33154 Salzkotten

Ing. Beckmann KG, Simoniusstr. 10, 88239 Wangen (Kleingewächshäuser, Folien)

Ewald Dörken AG, Wetterstr. 58, 58313 Herdecke/Ruhr (Folien-Gewächshäuser, Steckverbinder, Folien)

Euflor GmbH, Ridlerstr. 75, 80339 München

Feddersen Gewächshaus-Importges. mbH & Co. KG, Blankeneser Bahnhofstr. 60, 22587 Hamburg

W. Feustle, Gewächshausbau, CH-8370 Sirnach

Hoklartherm Gewächshaus-Systeme, Gewerbegebiet, 26689 Apen

HVG-Perlhumusvertriebsges., Postfach 1415, 59585 Geseke

Krieger-Gewächshaus-Center, Gahlenfeldstr. 5, 58313 Herdecke/Ruhr (Wintergärten, Kleingewächshäuser, Klimatechnik, Zubehör)

Messerschmidt Gewächshausbau, Postfach 843, 73008 Göppingen (Gewächshäuser u. Zubehör)

Neogard AG, Aarauer Str. 23, CH-5734 Reinach (Gewächshäuser, Pavillons)

Obi-Ter AG, Hauptstr. 11, CH-9562 Märwil (Ökohum/Toresa)

Oscorna Dünger GmbH & Co., Erbacher Str. 41, 89079 Ulm

Schlachter GmbH, Wasserburger Weg 1/2, 89312 Günzburg (Gewächshäuser, Wintergärten, Zubehör)

Siedenburger Gewächshausbau Riemer GmbH, Auf der Welle 10, 32369 Rahden/Westf.

Wilhelm Terlinden GmbH & Co.KG, Bruchweg 1, 46509 Xanten-Birten (Gewächshäuser)

Ubbink-Amevo GmbH, Gewächshauszubehör, Postfach 2454, 46374 Bocholt

Voss Gewächshäuser, Gewerbegebiet II, 55268 Nieder-Olm

Selfkant Wolters, Maria Lind 99, 52525 Braun

Spezielle Samen und Pflanzen für Gewächshäuser

Austrosaat AG, Oberlaaerstr. 279, A-1105 Wien (Blumen- und Gemüsesamen)

Ernst Benary Samenzucht, Postfach 1127, 34331 Hann. Münden (Blumensamen)

Peter Fischer, 21789 Wingst (Kamelien)

Flora Mediterranea, Königsgütler 5, 84072 Au/Hallertau (Kübelpflanzen)

HILDsamen GmbH, Kirchenweinbergstr. 115, 71666 Marbach/Neckar (Gemüse- u. Blumensamen)

Albrecht Hoch, Potsdamer Str. 40, 14163 Berlin (Blumenzwiebel-Spezialitäten)

Ibero Import, 37249 Neu-Eichenberg (Pflanzen für den Wintergarten)

Kiepenkerl Pflanzenzüchtung, Postfach 1263, 48348 Everswinkel

Paul Lesniewicz Bonsai-Zentrum, Mannheimer Str. 401, 69123 Heidelberg-Wieblingen

Quedlinburger Saatgut GmbH, Postfach 13, 06472 Quedlinburg

Samen-Mauser, CH-8400 Winterthur (Blumen- u. Gemüsesamen)

Max Schleipfer, Sedelweg 71, 86356 Neusäß (Kakteen u. Sukkulenten)

Carl Sperling & Co. Samenzucht, Postfach 2640, 21316 Lüneburg (div. Blumen- u. Gemüsesamen, Kräuter)

Südflora, Peter Klock, Stutsmoor 42, 22607 Hamburg

Tropen-Express, Gudrun Steininger, Dr.-Winkelhofer-Str. 22, 94306 Passau (Exotische Pflanzen)

Karlheinz Uhlig, Lilienstr. 5, 71394 Kernen-Rommelshausen (Kakteen)

Julius Wagner GmbH, Samenzucht und Samengroßhandel, Eppelheimer Straße 18–20, 69115 Heidelberg (Blumen- u. Gemüsesamen)

H. Wichmann, Tannholzweg 1–3, 29229 Celle (Orchideen u. sämtliches Zubehör)

Wyss Samen und Pflanzen AG, CH-4528 Zuchwil

Register

Register

Levkoje 97
Lewisia 114
Licht 15, 18, 43
Lilien 112
Lisianthus 99
Lobelia 99, 100
Luftfeuchtigkeit 16, 57
Luftumwälzung 16
Lux 19

Männertreu 100
Mairüben 65
Mandarinen 83
Mandelbäumchen 113
Maracuja 88
Melonen 57
Meristemkultur 38
Miete 107
Montia 73
Mottenschildlaus 30, 31
Musa 85

Narzissen 111
Nasturtium 80
Noppenfolie 13
Nüßlisalat 48

Obstgehölze 113
Orangen 83
Orchideen 122
Orchidee des kleinen
   Mannes 109
Oxalsäure 22

Pantoffelblume 103
Paprika 58
Passionsfrucht 88
Pelargonium 108, 116
Peperoni 58, 59
Petersilie 80
Pflanzenschutz 29
Pflücksalat 62, 63
Pilzkrankheiten 16, 27
Pikieren 36
Pikierschalen 22
Plumbago 116
Pomelo 84
Poncirus 83
Postelein 73
Prärie-Enzian 99
Pultdach 7

Quamoclit 110

Radicchio 72
Radieschen 60
Rapunzel 48
Raubmilben 33
Regenwasser 21, 22
Rettich 61
Rosen 100
Roseneibisch 107
Rote Spinne 30, 31
Rübstiel 65
Ruhmeskrone 98

Salatzwiebeln 74
Samen 35, 91
Samtflecken 30, 31
Schattierung 17
Schädlinge 30, 31
Scherkohl 64
Schiefteller 101
Schildläuse 30, 31
Schlupfwespen 32
Schnecken 30, 31
Schnittblumen 91
Schnittlauch 81
Schnittsalat 62, 63
Schwarzbeinigkeit 30, 31
Schwarzäugige Susanne
   110
Sclerotinia 30
Seidenmohn 91
Senecio 105
Senf 82
Sinapis 82
Sommerblumen 35, 91,
   92, 93
Spinnenlilie 98
Standort 7
Stangenbohnen 47
Stauden 91, 114
Stecklingsvermehrung
   38
Steckzwiebeln 74
Stegdoppelplatte 9, 17
Sterilkultur 38
Sternwinde 110
Steuerungsanlagen 22
Stielmangold 66
Stielmus 65
Substrat 25

Tageslänge 20
Tamarillo 87
Teilen 39
Temperiertes Gewächs-
   haus 124
Thermik 15
Thermometer 21
Thunbergia 110
Tomaten 67
Torfsubstrat 26
Tröpfchenbewässe-
   rung 23, 25
Tulpen 111

Überwintern 43, 115
Umfallkrankheit 30, 31
UV-Strahlen 10

Vegetationsheizung 14
Venidium 91
Ventilator 16
Verbrennungen 17, 52
Veredeln 53
Verfrühen 75
Vermehrung 37
Versalzung 27
Vitis 88
Vlies 14, 24
Volldünger 24

Warmhaus 124
Wasserqualität 22
Wärmebedarf 13
Wärmeplatten 21, 51
Wein 88
Weiße Fliege 30, 31, 32, 70
Welkekrankheit 53
Winter-Endivie 71
Wintergärten 15, 16, 18
Winterportulak 73
Wolläuse 30, 31
Wurzelbildung 38, 39

Ziergehölze 113
Zitronen 83, 84
Zitrusfrüchte 83
Zubehör 21
Zuckerhutsalat 73
Zusatzbelichtung 19
Zusatzheizung 41
Zwiebeln 74

Das ganze Jahr Gartensaison

Karlheinz Jacobi/Dietrich Mierswa
Gärtnern unter Glas und Folie
Kleingewächshäuser und Frühbeete
Bau • Technik • Nutzung
Gewächshaus- und Frühbeetformen,
Folien, Bauweisen, Einrichtungen,
Zubehör, Beheizung; Nutzungsmöglich-
keiten von Gemüse, Kräutern und
Früchten bis zu Zierpflanzen, Kakteen
und Orchideen.

Dietrich Mierswa
Gewächshäuser
Planung und Bau von Gewächshäusern:
Standort, Materialien, Bauformen,
Nutzungsmöglichkeiten, technische
Einrichtungen; Anbau von Gemüse,
Kräutern, Nutz- und Zierpflanzen.

Siegfried Stein
Aussaat und Vermehrung
Pflanzenvermehrung – z. B. durch
Samen, Kopf- und Blattstecklinge,
Knollenteilung, Absenker und vieles
mehr – Schritt für Schritt leicht nach-
vollziehbar mit vielen Arbeitsfotos.

Siegfried Stein
Gemüse
Alles über Gemüseanbau:
Gartenböden, Mischkulturen, Hügel-
und Hochbeete, Folie und Vlies,
Frühbeete, Gewächshäuser, Pflanzen-
schutz, Saatgut, Gemüsearten.

Siegfried Stein
Sommerblumen, Gartenstauden
Grundlagen der Gartengestaltung;
Porträts von Sommerblumen und
Stauden für Naturgärten, Bauerngärten,
Farben- und Duftgärten, für Terrassen,
Steingärten und vieles mehr.

Robert Sulzberger
Gartenkräuter
Geschichte und Herkunft der Kräuter;
Praxis des Kräuteranbaus; Kräuter-
porträts: Standort, Mischkultur, Erde,
Pflanzung, Aussaat, Ernte, Pflanzen-
schutz, Konservierung, Verwendung;
Wildkräuter mit Sammelkalender;
Heilkräuter im Garten.

Im BLV Verlag Garten und Zimmerpflanzen • Wohnen und Gestalten • Natur • Heimtiere • Jagd •
finden Sie Bücher Angeln • Pferde und Reiten • Sport und Fitneß • Tauchen • Reise • Wandern,
zu folgenden Themen: Alpinismus, Abenteuer • Essen und Trinken • Gesundheit und Wohlbefinden

Wenn Sie ausführliche Informationen wünschen, schreiben Sie bitte an:
**BLV Verlagsgesellschaft mbH • Postfach 40 03 20 • 80703 München
Telefon 089/127 05-0 • Telefax 089/127 05-543**